dreams come true

マーフィー式名言セラピー

朝1分 夢をかなえる習慣

武津文雄
Fumio Fukatsu

KKロングセラーズ

まえがき

人生における言葉の重み、価値を今更ながら思い知る昨今です。

人は言葉に生かされ、言葉に泣きます。つまり言葉とは人生の喜怒哀楽を共にするかけがえのない同伴者なのです。世界的な古典であり名著で聖書の右に出るものはないことは常識ですが、同時にこの聖書ほどキリスト教に縁のない日本人には関心が薄いのも事実でしょう。それにどこか近寄りがたい存在であることも否めません。

しかし、その聖書の言葉（聖句）を誰にでもわかりやすい言葉にして「人生の指針」として世界中の人に語ってくれた偉人がマーフィー博士なのです。昔の日本人は「読書百編、意自ずから通ず」と言って、子供から大人まで「論語」を読み、かつ親しんできましたが、いまやその論語さえお蔵入りの時代です。日本人は戦前から世界有数の識字率を誇る素晴らしい民族でした。いまや笑い話ですが、敗戦後日本に進駐してきたアメリカの兵隊さんが、町の物乞いが新聞を読んでいた姿に仰天したのです。それほど日本人の知識のベースは高かったのです。

ひるがえって今や子供から老人まで、スマホ片手にネットやニュースを見る時代になりました。これは時代の恩恵として大いに感謝したいと思う反面、同時に言葉や文字が消費されていって消えていく様を実感するのはシニア世代のひがみばかりではないと感じています。

この本にも書きましたが、現代の若者はおそらく「ラブレター」というものを書いた経験が希《まれ》ではないでしょうか。シニア世代の誰もが青春時代の甘い切ない記憶に、このラブレターがあることでしょう。このラブレターには「言葉のエネルギー」と思いがぎゅっと詰まっているのです。

さて前置きが長くなりました。本題に入りましょう。この本のタイトルは「朝一分　夢をかなえる習慣」です。「朝の時間」がどれほど貴重で大事かを説く本は多くあります。しかし多くの人は「三日坊主」ならぬ二日ももたない習慣であることも否めません。インスタント・ラーメンではありませんが、三分間待てば食べることが出来るのはなにもラーメンばかりではありません。「朝一分」の活用は人が想像するよりはるかに多くの恩恵を与えてくれます。それが習慣にまで定着すれば「鬼に金棒」ならぬ「天使が舞い降りて」くるゴールデンタイムならぬ〈エンジェルタイム〉になるかもしれません。

朝の一分は、おそらく夜の一時間にも匹敵するでしょう。いやそれ以上かもしれません。

この本は、その朝の貴重な時間に「言葉の贈り物」として読者の皆さんに届ける目的で書きました。長年言葉を生業にしてきた著者が、マーフィー博士の聖書の深い哲学と教養に刺激されて、著者流の平明な言葉で語りました。それが「マーフィー式　名言セラピー」と名付けた理由です。

はじめにも書きましたが、人生には「言葉の知恵」が必要にして不可欠です。その言葉の泉から尽きない知恵をくみ出すには、やはりお手軽なスマホではその役に立たないでしょう。若者が本を読まなくなったのは時代の風潮ですが、知恵ある者は、今も昔も「読書の醍醐味」を知っています。インターネットはフローの情報が溢れかえっていますが、本は「言葉のエネルギー」がぎゅっと詰まった栄養食品にも例えられるでしょう。

さあ、あなたも朝一分のゴールデンタイムに、この本を開いてみて下さい。どの言葉、項目からでも、自由にあなたの直感にしたがって、出会った言葉から希望と知恵を発見して下さい。きっと、人生を生きる自信を育むことができるでしょう。

令和七年　三月

著者　記

マーフィー式　名言セラピー　朝一分　夢をかなえる習慣　目次

はじめに　3

1 [人生の黄金律] あなたの人生は、あなたの思い描いた通りになる　14

2 [奇跡の始まり] 私は自分の望んだことをすべて叶えてもらえる　16

3 [小さな望みと大きな望み] 成功者は例外なく大きな夢を抱いています　18

4 [夢を叶える至上の法則] 人生には、ある偉大な法則があります　20

5 [ビジョンをもつ] あなたは自分のビジョンをもつ必要があります　22

6 [自信を得る法則] 自分が価値があると思っているだけで価値があるのです　24

7 [心の平和は成功の条件] 心の平和なくして成功はあり得ません　26

8 [より多くを求めよ、切に望め] 望むことは必ず実現すると信じることです　28

9 [偉大な人物に学ぶこと] 成功者に学ぶことが成功の早道です　30

10 [一回の成功の価値] とにかく一回成功してしまいなさい　32

11 「成功の概念を豊かにする」 成功を考えるだけで成功するようになるでしょう 34
12 「成功者の肖像」 成功者は成功者を生み、失敗者は失敗者を生みます 36
13 「夢と現実の出来事」 あなたは未来を現実に見ることができます 38
14 「直観と知性」 直観と知性は対立していると考えられますが同居できます 40
15 「夢の設計図」 あなたは未来の自分を設計できます 42
16 「願望の重要性」 つねに願いなさい。願わなくては何事も起こりません 44
17 「思いを視覚化する力」 あなたの想念（願望）を視覚化しなさい 46
18 「失敗のない人生」 失敗のない人生などあり得ません 48
19 「人生の設計図」 あなたの人生の設計図はあなた以外に誰も描けない 50
20 「未来のありか」 あなたの未来はいまあなたの心にあります 52
21 「想像と現実」 あなたはこうだと想像する通りの人間なのです 54

22 「暗示の性質」 いかなる暗示も、あなたがそれを受け入れると作用します 56
23 「非常識のすすめ」 何事かを成し遂げようとする時、非常識のほうが成功する 58
24 「人生の色」 あなたの人生を何色で塗るつもりですか 60
25 「心の安定」 心の安定につとめなさい。それが願望達成の強力な援軍です 62
26 「人生はあなたの考えた通りになる」 人が心で考えることがその人です 64
27 「すばらしい自画像を描く」 誰でも自分の自画像を頭の中に描いています 66
28 「夢を実現する最大の障害」 あなたの成功を妨げるのはあなた自身です 68
29 「心の選択」 人生の選択のうち心の内部の選択が決定的に重要です 70
30 「信じればすべては可能になる」 不可能なことはこの世にはありません 72
31 「自信を得る法則」 自分に価値があると考えていれば価値があるのです 74
32 「成功の法則」 あなたは成功するために生まれてきたのだと考えなさい 76

33 「夢の実現のシナリオを描く」 夢は決して絵空事ではなく願望のシンボルです 78
34 「夢見る存在」 夢見ることを忘れた人は、人間を休んでいるのです 80
35 「絶望から身を守る」 あなたの身のまわりでも奇跡は起きます。信じなさい 82
36 「夢を潜在能力にゆだねる」 あなたの内部にはとてつもない力が潜んでいます 84
37 「言葉の力と行動」 あなたの言葉には、行動と同じ価値があります 86
38 「思いつきを大切にする」 思いつきを大切にしなさい。強力なエネルギーがあります 88
39 「解決策はどこにあるか」 答えは問題の中にあります 90
40 「チャンスは自分でつくる」 唯一のチャンスは自分でつくり出すものです 92
41 「本当の力が発揮されるとき」 潜在意識が発揮されるのは心が素裸になった時 94
42 「成功の六か条」 ①肯定的思考②努力③目標意識④自信⑤失敗を恐れない⑥想像力 96
43 「ほんとうの友達」 まず自分自身が自分の友になりなさい 98

44 ［幸福と不幸の選択］不幸な人は不幸になることを選択した人です 100
45 ［言葉も行動である］言葉をしゃべるのも行動の一つです 102
46 ［心の中の芸術家］三〇歳の老人もいるし、八〇歳の若い人もいます 104
47 ［人生という航海］あなたは自分の魂の船長です 106
48 ［自分を許す］他人を許せない人は自分を許すことはできません 108
49 ［人は誰でも成功途上にある］人は誰も例外なく成功途上にあります 110
50 ［心の錬金術師］夢を想像にまで高めなさい。これが心の錬金術です 112
51 ［絶対的な力］世の中には絶対的なものは存在します 114
52 ［最大の秘密］最大の秘密は、「神が人間の中に住んでいる」ということ 116
53 ［天職を見つける］天職という言葉はとても人を魅了します 118
54 ［時の価値を知る］人生を千年もあるように生きるな（マルクス・アウレリウス） 120

55 [すべて時間は現在である] 人は「時」の秘密を知らないのです 122
56 [運の本質] 運という言葉も人生を左右する力を持っています 124
57 [自分の能力に気づく] 自分の能力に気付くのは色々のケースが存在します 126
58 [信念の秘密] 天才とか成功者にあって多数の人にはないものが信念 128
59 [最高の贈り物] 最高の贈りもの。それは死の正体を教えること 130
60 [他人の幸せを祈る] 情けは人のためならず。これも祈りの一つです 133
61 [大きく考えることの大切さ] すべてのことは些細なこと、一〇〇年の視点を持つ 135
62 [真の愛とはなにか] 死の瞬間に愛する家族に囲まれる人は最高の幸せ者 138
63 [清貧の思想の誤り] 宗教は「清貧」を善であると考えますが誤りです 140
64 [神の富の在処] 神の富は、神を信じる人には見えるのです 143
65 [貧しさの秘密] 不幸のほとんどは「心の貧しさ」が原因です 146

66 「富める者と貧しき者」聖書は驚くべき宝をあなたに公開しています 149
67 「人生の主人公」人生は舞台です。あなたはどんな役割を演じますか 153
68 「決断の力」決断力こそ人生の荒波を乗り越える舵でありエンジンです 156
69 「不幸の原因」人の勘違い、「自分の不幸は他人のせい」と考えること 158
70 「習慣の力　その秘密」習慣の力は人生の自動操縦を行うプログラムです 160
71 「言葉はあなたの思考そのもの」言葉はあなたの分身です 162
72 「人生のデザイン」人は自分の人生のデザイナーです 164
73 「恐ろしい法則」人の人生を動かす無意識の力を知る 166
74 「人生最大の敵」あなたの人生で最大の敵はなんですか 169
75 「祈りの力」私は神など信じないという人はいます。でも祈りますね 171
76 「瞑想の力」瞑想は、その効用を実感する人が増えています 174

77 「貧乏という病」マーフィー博士は貧困は病であると断言します 176
78 「自分への手紙」あなたは「ラブレター」を書いたことがありますか 179
79 「自分の言葉を見つける」人が全ての生物の中で唯一の違いは言葉を話すこと 182
80 「過去にこだわらない」過去にこだわると現在も健全ではないことが多い 185
81 「貧すれば鈍する」これは私たちが経験するリアルな現実です 187
82 「富は発見するもの」はるか昔から富は一部の人が独占した秘密 190
83 「感謝と富」感謝という言葉は富と本質が繋がっています 192
84 「良い言葉は誰のためか」あなたの言葉は自身だけでなく接する人を癒します 194

The Golden Rules of Life

001

［人生の黄金律］

あなたの人生は
あなたの思い描いた通りになる。

これはすばらしい人生の指針です。

マーフィー博士は、この言葉をすべての言葉の根源にすえました。「人生のゴールデンルール（黄金律）」と表現されています。

多くの人は「人生は思うようにならない」と思っています。

私たちは自分の過去の記憶をすべてを思い出すことはできません。しかし潜在意識にはあなたが生まれてきたとき以来の膨大な記憶が眠っています。その思いの記憶があなたの無意識の行動を決めています。

ですから、実はいまのあなたの人生は「あなたがかつて思っていたことの集大成」なのです。それを深く自覚した時から、あなたの人生は変化します。

いまこの瞬間から「あなたの思い」があなたの未来の人生を形作るのです。

あなたの過去を清算して、この瞬間から、あなたは「自分の人生の主人公」としてふるまいましょう。

あなたの人生は、あなただけのものです。最高にエンジョイしましょう。

The Beginning of a Miracle

002

［奇跡の始まり］

驚くべき繁栄の法則は、心を込めて
「私は自分の望んだことをすべて叶えてもらえる」と
何回も繰り返し信じることです。
ここからあなたの奇跡が始まります。

夢を実現する、これはあなた次第で、かんたんにもむつかしくもなります。

あなたの心が、自分には夢を実現できる力がある、と信じればそれは可能です。

ですから、あなたが「私は夢を実現できる」と信じることができれば、どんな困難な状況でも、奇跡が起きるでしょう。

現代は科学の時代ですから、この奇跡はにわかには信じがたく、説明も不可能でしょう。そもそも理性の力で説明できるようなものは奇跡とは言いません。

理性（科学）を超えるからこそ奇跡なのです。しかし誤解してはならないことは、奇跡はオカルトではありません。信じる心が引き寄せた見えない科学の力が働いた結果なのです。

将来、「奇跡」はこの見えない科学がそれを証明するでしょう。かつて未開の文化ではテレビが奇跡だったと同じように、それは当たり前のことになるはずです。

それは「心の力」が証明されるときと時期を同じくするはずです。

Small and big hopes

003

［小さな望みと大きな望み］

成功者は例外なく大きな望み（夢）を抱いています。望むことなくして何事も起こらないことを知っているからです。

あなたも夢を抱くなら、大きな夢を持ちなさい。

夢の力を信じよう。現代は夢を見ることがむつかしい時代です。しかし、夢見る力こそ人類を発展させてきました。あなたの身の回りのほとんどすべてのものは、夢を見た人々の遺産でできています。人類が空を飛ぶ夢を見なければ、飛行機は発明されませんでした。

まさに夢見る力こそ、あなたの人生をすばらしいものにする原動力です。その夢見る力は、大きな夢ほどよいのです。小さな夢は夢に値しません。夢は自分の最大限の努力を注ぎ込んで叶うものです。努力なしに簡単に実現したものは誰も評価しません。何よりあなたが満足しないはずです。

大きな夢を見ること、それを実現する魔法は、その「夢を徹底的に愛すること」です。それが夢を実現する魔法の意味です。

The ultimate rule for making your dreams come true

004

[夢を叶える至上の法則]

人生にはある偉大な法則があります。
それは「あなたの人生は、
あなたの思い描いた通りになる」
という法則です。

何ごとも法則というルールなしには存在できません。

夢を叶える法則とは具体的にはなんでしょうか。それはまず、あなたの思いをイメージする（描く）ことです。イメージできないものは存在できません。イメージすることはむつかしいことではありませんが、多くの人はイメージを生み出し、それを維持するコツを知りません。

イメージできてもそれを維持できないと、大きくふくらんだ風船玉もやがてしぼんでしまうのに似ています。イメージしたことを明確な形にするには、そこに感情（歓び）を込めることです。そうすれば、イメージは「絵に描いた餅」にはなりません。

まず、夢のイメージを描き出し思いっきり膨らませます。その夢が実現した時の歓びの感情を十分に味わいましょう。初めは実感がなくてもかまいません。徐々に感情とイメージが一致してきます。イメージと感情（歓び）のコラボこそ、夢を叶える力であり法則の実現なのです。

Have a vision
005

［ビジョンをもつ］

あなたは自分のビジョンをもつ必要があります。そのビジョンは幸福で晴れやかで、成功していて、平和で、強力な人間としてあなたを描いたものでなければなりません。

夢とビジョンは双子の兄弟です。夢が兄ならビジョンは弟です。でも兄弟でも同じ人間ではないように、はっきりした違いがあります。夢がイメージならビジョンは、より具体的な形をもっています。多くの場合、言葉やシンボルをもっています。それは目標という明確な形になることもあります。

多くの人が夢をもっても、このビジョン（目標と計画）をもたない故にその夢が実現しないことが多いものです。夢を描いたら、その実現のシナリオを書いてみましょう。それは言葉でも、絵でもよいのです。とにかく、夢を具体的な形に置き換える作業があってはじめて、その夢は実現へ向けて船出します。

目標や計画のない夢は、港につながれたままの船なのです。
大きな夢を描いて、目標という海図を手に冒険の旅に船出しましょう。

The rules for gaining confidence

006

［自信を得る法則］

人は自分が強いと思っているだけで強く、
自分が価値があると思っているだけで
価値があるのです。

夢を実現する要《かなめ》になるものは自信です。世の中の多くの人はその自信をもっていません。しかし、成功者は例外なく自信家です。ほとんどの場合、その根拠は本人にしかわかりません。またその根拠を聞いても答えは返ってこないものです。なぜなら、その本人も自覚していない場合が多いからです。

自信とは本来無意識な力です。その自信を育むには、自分の本心（心と体）に深くアクセスすることです。人間の心と体は不思議な相関関係にあります。多くの病が「心の病気」から発していることはいまや常識です。

無意識とは潜在意識のことですが、それは意識的な働きによってコントロールできます。つまり、自分の良い面をいつも意識している人は自ずから自信が溢れてきます。反対に、自分の欠点ばかりに意識を向ける人は、それが潜在意識に「マイナスの回路」となって、やることなすことすべてがうまく行かないという「マイナス現象」となって現れます。

あなたが夢を実現する自信を得る最高の方法は、自分を「完全な存在である」と意識することです。その方法は、人体の驚異的な働きに目を向ければ理解しやすいでしょう。

Peace of mind is the key to success

007

［心の平和は成功の条件］

心の平和なくして成功はあり得ません。
成功したいと思ったら、
心の平和を保つようにしなさい。

成功はあなたの「心の中」からはじまります。
あなたの思考と感情があなたの運命を創造するのです。
その鍵はあなたの思考の中にあるのです。
同じように、失敗もあなたの心の中から始まります。

すべての始まりはあなたの思考なのです。
ですから、あなたの心をいつも平和で満たしなさい。
それが夢を叶える源となります。

Seek more, desire more

008

［より多くを求めよ、切に望め］

夢を実現するために潜在意識の力を引き出すとき
絶対に忘れてはならないこと、
それは「切に望むことは必ず実現する」
と信じることです。

「求めよ　さらば与えられん」　これは聖書がいうゴールデンルールの1つです。しかし多くの人は、人生にほとんど何も求めずに平凡に時をやり過ごしてしまうのです。

夢の大きさに応じて人生は様々な彩りを見せてくれます。天才や成功者は、人生により多くを求めた人たちです。大自然（神の創造物）は限りなく豊かです。

いま地球温暖化を招いた人類は、その知識を間違った方向に使っているようですが、人類が気づけば自然は予想より大分早くもとにもどるでしょう。

ただし、ここで注意して欲しいのは、「他の犠牲の上にそれを求めてはならない」ということです。なぜなら、それは「与えるものは与えられ、奪う者はさらに奪われる」という真理に反するからです。

より多くを求めよ、とは「与える豊かさ」を経験する手段に過ぎません。

Learning from great people

009

【偉大な人物に学ぶこと】


成功者に学ぶことが成功の早道。

夢を叶える人物に共通していることがあります。

それは先人に学ぶ知恵を持っていたということです。

それは書物を通して得られたものもありますが、多くの成功者は自分の身近な環境で、そうした偉大な人物に出会ったり、直接教えられています。

夢を叶える最短の道は、偉大な成功者に出会うことに尽きるのです。しかしここで注意を必要とすることがあります。もちろん、文字通り素晴らしい人物（師匠）に出会えた幸運な人はそれを最高に活用すべきです。

問題は、出会った人物が師匠だと気づかないことです。「反面教師」という言葉があります。人生はつらい体験に満ちています。しかしそれも大きな意味では、あなたが自分で引き寄せた出来事なのです。

試練が人を磨くように、人は人によってしか変わらないのです。偉大な人物になる人は、試練の意味を知っています。ですからその試練に潰されることがないのです。

成功者は「試練が偉大な教師」であることを知っているのです。

The value of one success

010

【一回の成功の価値】

どんなにささやかでもいいから、
とにかく一回成功してしまいなさい。
たった一回の成功は、何百回の失敗を
拭いさる力があります。

よく世間では「成功体験」を大事にしなさいといいます。それはまさにこのことを意味しています。たった一回の成功の種を大事に育てるのです。

夢の実現で大切なことは、小さなことを決しておろそかにしないことです。それは日常の小さな思いつきを大事にすることも一つです。一つ一つのアイデアや思いつきは、あなたの中で大きな変化をもたらさないかもしれません。物事は初めから大きな変化を見せることはありません。

それは川の流れを見れば、よりわかりやすいでしょう。巨大な川もその源流は小さなせせらぎにすぎません。そのせせらぎがやがて多くの水の流れになり巨大な川に育ちます。

夢を実現する場合も、やはりこの小さなこと（成功体験）を大事にする心の習慣を育てる必要があります。思いつきは「神様からのプレゼント」である場合が多いのです。それがプレゼントだと気づくには普段から感性を磨いていることが秘訣です。

Enriching the concept of success

011

［成功の概念を豊かにする］

成功という言葉は、
成功に必要なあらゆる要素を含んでいます。
潜在意識の法則に沿っていれば、「成功」について
考えるだけであなたは成功せざるを得なくなるでしょう。

夢の実現、それは、まぎれもない成功でしょう。多くの人には夢の数だけ成功のイメージがあります。

この成功という言葉にはあらゆるすばらしい意味が込められています。

ですから、あなたが本当に成功（夢の実現）を望んでいれば、日常生活のあらゆる場所や時間に、その成功のイメージを膨らませ、詳細にリアルに描き出しましょう。

それを心がうきうきドキドキするくらい自分のものにする必要があります。

あなたの夢「成功のイメージ」をしっかり固めましょう。

Portraits of successful people

012

［成功者の肖像］

成功者は成功者を生む。
失敗者は失敗者を生む。
これが真理です。

成功者は多くの失敗を経験しています。それを失敗のままに終わらせないで「失敗を成功の元」に変える知恵をもっていたに過ぎないのです。

ルーブル美術館に行くと画家の卵が名画を模写している姿を見かけた人も多いはずです。ここに成功（夢の実現）の秘密があります。成功者を完全にコピーすることから、成功への道がはじまります。

ですから、あなたが素晴らしいと思う成功者のモデルを選んで、徹底的にその人物の存在全部をコピーすることです。

そうすれば成功者のオーラをあなたも自然に身につけることができます。

やがてあなたも同じ成功者への道を歩むことになるでしょう。

Dreams and real events

013

［夢と現実の出来事］

あなたは未来を現実に見ることができます。
それは夢やまぼろしとなってあなたの前に現れます。
それを信じれば本当の現実になります。

夢の実現性を問うものは何でしょうか。意思の力、継続力などいろいろ考えられますが、とても重要なものがあります。それが想像力（夢見る力）なのです。「初めに言葉ありき」という聖書の有名な言葉がありますが、実はこれも言葉のイメージ、想像力のことをさしているのです。

ここでは「夢と言葉は同じ意味」です。夢の内容をどれほど言葉とイメージ豊かに想像できるか。その大きさが決まることが夢の大きさと比例します。つまり、想像力の大きさが夢の大きさ、同時に限界でもあります。

人生は「あなたの想像した以上のことは起きない」のです。ですから、大きな夢を実現する原動力は想像力を鍛えて高めることです。

Intuition and intelligence

014

［直観と知性］

直観と知性は同居できます。
真の知性が直観を磨くからです。

直観と知性は人間の大事な財産です。脳科学は、直観は右脳が、知性は左脳が司っているといいますが、大事なことはバランスよく働くことです。

知性の欠けた直感はすぐに消える運命にあります。しかし知性だけでは人の中心である心は喜びを感じません。直観に導かれた知性こそが「夢の実現」の強力なサポーターでありエンジンになるのです。

一般に言われている、直感と直観とはその本質が違います。直感はインスピレーションとも言いますが、直観は全体を見通すものです。

いわば左脳の知性を導く立体地図の働きをしています。知性は細部にこだわりますが、直観の全体を見渡す航空写真のような直感の働きがあってはじめて知性はその役割を全うできます。

夢の実現にはこの二つがバランスよく働くことが不可欠です。

Dream Blueprint

015

［夢の設計図］

あなたは未来の自分を設計できます。
それはいまあなたが何を考えるかです。
できる限り理想的な自分を思い描きなさい。
日々考える理想の自己像が未来のあなたの設計図なのです。

あなたの夢は何ですか。その夢を具体的な言葉や絵に描いてみましょう。

夢は形にして初めて実感できるものです。大きな夢には実現までのシナリオ、夢の設計図が不可欠です。人が作るどんなものも正確な設計図なしには生まれません。

現代社会に必要不可欠な自動車も、実に数万の部品から成り立っていますが、その一つ一つが車という設計図の一部なのです。

ですから、あなたの夢を具体的な「夢の設計図」として描いてみましょう。そうすれば、どこに欠けている部分があるかはっきり理解できるでしょう。発明王・エジソンも無数の失敗を重ねて、設計図の修正を重ね、ついに発明王の栄誉を勝ち取ったのです。

あなたの夢の設計図を、最大のエネルギーを注いで描き出しましょう。

The Importance of Aspirations

016

［願望の重要性］

つねに願いなさい。
願わなくては何事も起こりません。

夢を実現する最大の力はなんだか知っていますか。
それは人の心のエネルギーです。これは別名、願望と表現できます。
夢を実現した人物は例外なく大きな願望の持ち主です。人は誰でもが幸福になりたいという願望をもっています。

しかしその自分の夢を実現するまで、最後まで行動する人があまりに少ないため、世界にはわずかな成功者（願望の実現者）しかいないのです。大事なことは願望や夢をもったら最後まであきらめず、それが実現するまでやり続けることです。

聖書はそれをこう表現しています。「最後まで耐え忍ぶ者は幸いである」と。

あなたの願望をたえず意識していましょう。意識と無意識の二つの力が融合すれば、もはやあなたの願望は実現できないものはないでしょう。

The ability to visualize thoughts

017

［思いを視覚化（イメージ）する力］

あなたの想念（願望）を視覚化しなさい。
絵にすることが潜在意識にあなたの願望を
知らせるもっとも確実な方法です。

思いを実現する秘密はこの「潜在意識の力」を活用することです。潜在意識は言葉よりもイメージの方が数倍も確実に受け取ってくれます。ですから、自分の思いを、できるだけ絵やイラスト、あるいは音や臭いと言った五感のすべてを使って効果的に訴える形にしましょう。

そうすれば、潜在意識が自然にかつ強力にあなたの「思いを実現する」方向に道を開くでしょう。理屈（言葉）よりも思いやイメージで潜在意識は動いています。

人の意識（理性）と潜在意識（無意識）では、その力の差は一対一〇〇万倍もの差があると現代の脳の研究者は言っています。

A life without failure

018

［失敗のない人生］

失敗のない人生などあり得ません。
もし失敗を恐れていたら何もできません。
問題は失敗した時にどう対処するかにあるのです。

どんな偉大な人物の人生も失敗はつきものです。ですから失敗はしてもよいのです。問題は、その失敗をそのままに終わらせないことです。

どんな体験、たとえそれがあなたにとって大失敗でも、取り返しのつかない出来事や失敗はありません。その体験を糧にして人生の成功を生み出す精神力を鍛えることが大事です。大成功者と言われる人物も人生の過程では多くの失敗をしてきています。

「失敗は成功の母」は人生の真理です。

樹木も熱帯の木は、すぐに虫がつき腐りやすいのですが、寒冷地に育つ木はすべて固く丈夫です。人生もそれと同じです。

試練は人を強く雄々しくします。

Blueprint for life

019

［人生の設計図］

あなたの人生とは、
あなたがそれをどう考えるかということです。
あなたの人生の設計図はあなた以外の誰にも
描くことができないのです。

今日という人生にひと時を喜びで満たす秘密。
人生は日々新たに新鮮です。あなたの未来（明日）は毎日一瞬ごとに新しく設計することが可能です。これは毎日会社に勤めているサラリーマンやＯＬという方も可能です。

一日は二四時間、これはすべての人が平等に与えられた時間です。その一瞬一瞬を決められた時間として受け身で過ごすのと、意図的に新しい時間を設計するのとでは、数年経つと天地の差ができてくることに、あなたはきっと自分でも驚くでしょう。

大事なことは、この人生の未来設計図をいつも心に保持して、たえず見返すことです。そして、その設計図に修正を加えることも大事です。なぜなら人間は一度に完全なものを完成できないからです。それは現代世界を支えているコンピ，ータのプログラムを見ても明らかです。たえず、夢の設計図を新しくバージョン・アップする必要があります。

その心の作業が、今日という時間と明日の時間に大いなる恵みを運んできます。

where is the future?

020

［未来のありか］

あなたの未来は
いまあなたの心にあり、それは
習慣的な思考や信念によって決まります。

時間は過去、現在、未来と流れていると考える人が多いものです。

しかし実は、時間は現在しかありません。あなたが未来をいま考えているとすれば、未来をいま作り出しているのです。

つまり未来は同時に変化しているのです。また、もし過去について思いめぐらせていても、それはいまあなたが考えているのですから、やはり過去は、いまあなたの中にあるのです。


このように全ては、ただいま、この時間を起点にして起きているのです。ですから、現在を充実させることが未来を決めるのです。逆に、未来から今を見るという視点も有効です。現在も未来も、コインの表と裏のように切り離せないからです。

これはイメージの世界ではごく当たり前の思考です。明確なイメージ（未来の）が現在という時点をリードしコントロールするからです。


かつて時間は、絶対的で変わらない基準と考えられていましたが、その神話をアインシュタインが相対性理論で覆しました。これは人の心の世界では、時間はまったく変化自在です。

imagingnation and reality

021

［想像と現実］

想像と現実は表裏一体です。
あなたは自分でこうだと想像する通りの
人間なのです。

時間の過去・現在・未来が切り離して考えられないように、実は「想像と現実」も密接不可分な関係にあります。つまり、表裏一体なのです。

あなたが経験する現実の世界はあなたが想像したとおりの世界なのです。ただその想像は、無意識で行われる場合と意識的に行う場合があるので、その区別が普通はわかりにくいのです。

無意識の世界では時間の概念がないので、過去に想像したことといま想像（思っている）ことの区別はありません。いまの現実は、いつかあなたが過去に無意識に想像した（考えた）結果なのです。

自分がイメージしたことは必ず想像力を伴いますし、現実に体験することも多いのです。ですから、あなたが「夢の実現」を本当に目指そうとすれば、想像の翼を大いに広げなければなりません。するとやがてそれが現実となって文字通り創造されるからです。

The naturet of the suggestion

022

［暗示の性質］

いかなる暗示も、あなたがそれを受け入れると、潜在意識は与えられた暗示の性質に応じた反応（作用）をします。

暗示の力は強力です。ですからこの力を使うことは現代ではタブーの1つとなっています。人は他人から指示されたり命令されたりすることは嫌いますが、「暗示」は当人の意思とは無関係に無意識下でその力を発揮します。

かつて広告宣伝の手段に、暗示効果があるサブリミナル映像が流され問題になったことがあります。しかし、この暗示の力は諸刃の剣ですが、よいことで使うことはむしろ必要なことです。

アメリカで実際に行われた有名な話があります。ある高校で、普通のクラスの生徒の教師が「君たちは優秀だ」と褒めたところ、知能指数は平均だった生徒たちが実際に優秀な成績を収めたのです。反対に、優秀な知能の生徒を冷遇したところ、平均以下の成績しかあげなかったと報告されています。

つまり、人はいかに暗示や、賞賛によって心が動かされ、その結果、大きな差が生まれるかの証拠です。よい言葉は、よい暗示でもあるのです。反対に悪い言葉は悪い暗示でもあります。

言葉と思いに気をつければ、あなたの人生は好転します。そして「夢の実現」へと大きく前進します。

Recommendation of unconventional

023

［非常識のすすめ］

人間が何事かを成し遂げようとする時、
理性的、常識的であるより、
感情的、非常識であるほうが成功する
可能性が大きい。

夢を抱くことは他人から見ると「非常識」であることが多いものです。

歴史上の成功者、偉人は皆、非常識の持ち主でした。やがてそれが「常識」へと変わっていったのです。


ですから、非常識と言われることに大いに誇りを持ちましょう。

問題は、非常識のままに終わらせないことです。結果を見せたとき、評価はまったく変わるものです。


この非常識な夢を実現するのに必要なことは、情熱、感性、ヴィジョンです。

他人には見えないこれらの「あなただけの価値」を固く心に抱いて、非常識な夢が目に見える形になるまで最後までがんばり抜きましょう。

Colors of Life

024

［人生の色］

あなたの人生を
何色で塗るつもりですか。
すぐにあなたの好みの色を
決めなさい。

あなたがいつも心に描いているイメージの色は何色ですか。
その色はあなたのいまの人生の色です。ですから、それを見直して、あなたの心に抱く色を明るい力強い色に変えてみましょう。

いまのあなたの人生の目的に合わせて特別の色を決めましょう。よくバラ色の夢という言い方がありますが、虹の色は「夢の色」です。その中の一つをその時の目標に合わせて決めるのも良いでしょう。

ゴールは白ですが、白は全ての色を含むので、できれば黄金色（ゴールド）がよいでしょう。あなたの人生の目標を大きく掲げて、そのゴールに着くときは黄金のテープカットをするイメージを持ちましょう。

大事なことは、その時に誰とそのゴールを切るかです。
人生と夢にはパートナーが絶対に必要不可欠です。

Peace of mind
025

［心の安定］

つねに心の安定につとめなさい。
心の安定こそが、
あなたの願望達成の強力な援軍です。

夢を実現する時に大切な心構えがあります。

それは「絶えず心を不安で満たさない」ことです。たしかに大きな夢を掲げれば、その実現にはたくさんの超えなければならない壁やハードルがあります。

夢の大きさに比例して障害も大きいものです。

ですから、夢の実現の障害になる出来事にいちいち心を乱されない「心の安定」を確保する工夫が必要です。その秘訣は、夢が実現した時の姿をいつもイメージし、その喜びの感情に浸ることです。

それは「夢の先取り」であり「成功の先取り」です。夢が実現するまで待つのではなく、あたかもそれが実現した時の感情や風景を想像して、目一杯それを楽しむことです。人間は「喜びの感情」には自然に惹かれるものです。

「心の安定」には、夢の実現に向けて心のジャイロ（羅針盤）をその方向に定めることです。「安定した心」から確かな歩みが生まれます。

Life is what you think it will be

026

［人生は〝あなたの考えた通り〟になる］

あなたの人生はいかなるものであるにせよ、
あなたの考えた通りのものです。
「人が心で考えること、それがその人である」という
聖書の言葉は真理です。

「人生は考えた通りになる」――一見するとこの言葉は、あなたの現実の人生とは異なっているかもしれません。いまのあなたの人生に満足していない場合は特にそう感じることでしょう。

しかしながら、いまのあなたの現実の人生は、過去にあなたが考えた（思った）結果だという事実を知ることになるでしょう。

人生や自然界に偶然は存在しません。必ず、結果にはそれを生み出した原因があるのです。あなたの現実はあなたの思考の結果なのです。

これは厳しい言葉ですが、反面救いにもなるのです。つまり、あなたの人生に「良い原因」を作ることができれば、望ましい結果（未来）が待っているのです。つまり、あなたの人生は「あなたの考えた通りになる」のです。

あなたの人生をコントロールできるのはあなたしかいません。

Draw a great self-portrait

027

［すばらしい自画像を描く］

誰でも自分はこうだという自画像を
頭の中に描いているものです。
それが好ましくなかったら
すぐに描き直しなさい。

誰でも自分はこういう人間だと言う自画像（セルフ・イメージ）をもっています。それは自覚している場合と無意識の場合があります。

いずれにしろ、あなたの人生が好ましい状態でない場合は、この自画像を変える必要があります。女性はお化粧や髪型を変えるだけで印象がガラッと変わるものです。

同じように、自分の自画像をしっかり見つめ直して、どこを変えたらよいか観察してみましょう。そのために友人など親しい人に聞くこと、時には専門家にアドバイスを受けるのもとても有効な手段です。

顔や仕草など外見から見える自画像の変化も大事なことですが、見逃されていることに、「声の印象」があります。声には心の状態がはっきり出ます。ですから、自画像を見直す場合は、声の印象もチェックしましょう。

ヴォイス・レコーダーなどで録音した自分の声を聞き直して見ることをぜひ実行してみて下さい。もう一人の自分を知るよい機会になるでしょう。

The biggest obstacle to achieving your dreams

028

［夢を実現する最大の障害］

あなたの成功を妨げるのは、
実はあなた自身です。
あなたの心がマイナスに働いたとき、
あるいは破壊的に働いたとき、
あなたは最大の障害に直面することになるのです。

あなたの夢を実現する本当の障害はなんでしょう。

あなたの周りの親や兄弟、知人ですか。それは違います。

実は、「あなた自身が最大の障害」だということに気づいていますか。

たしかに、夢の実現を目指しているのはあなたです。しかし同時に、その前進へのブレーキを踏んでいるのも、実はあなた自身である場合が多いのです。


それを確かめる方法があります。あなたの夢を本当に「どんなことがあっても実現したい夢」かどうか、真剣に自問自答することが大事です。

誰もあなたの夢の実現を真剣に反対する（できる）人はいません。いるとすれば、それはあなたの中の「弱い自分」です。弱い自分とは、自信のないあなたであり、決意と覚悟の弱ったあなた自身です。

弱った自分を再生する知恵があります。人は、自分だけの夢にはトコトンこだわることはむつかしいものです。その夢が「誰か大事な人（愛する人）」のためなら、おそらくどんな苦労も障害も克服できるでしょう。


あなたは誰のために、その夢を実現したいですか。

A choice of heart

029

［心の選択］

人生の選択のうち、
学校や職業という外面的な選択より、
心の内部で行われる選択のほうが
決定的に重要です。

人生は選択の連続です。
日常生活の小さな選択から大きな選択、
就職や結婚といった大事な選択があります。

しかしこうした目に見える選択よりも、
もっと大事な選択があります。
それは「心の選択」です。

実は、すべてはこの心の選択の結果なのです。
その選択を支える信念や価値観を高めることが、
より良い人生の選択を可能にします。

If you believe, everything is possible

030

［信じれば、すべては可能になる］

不可能なことはこの世にはありません。
すべては可能なのです。
にもかかわらず不可能なことが起こっているのは、
不可能と信じる人がいるからです。

勇気を持って大胆に粘り強く「不可能なことはない」と信じ続けなさい。そうすれば、あなたが信じたとおりの現実に遭遇するでしょう。

すべてのことは、あなたが信じれば実現可能となります。

しかし多くの人はその実現を信じることができません。目の前の一見困難な現実(出来事)がそう思わせています。その現実を呼び寄せたのは、実は他ならぬあなた自身であることに気づいていません。原因が自分にあることが理解できれば、その原因を変えることも可能です。すると結果(現実)も変わってきます。

大事なことは「初めに信じたこと」を固く保つ信念や信仰です。

聖書には「信仰の偉大な力」の物語が溢れています。

夢の実現を信じる思い(信念)があなたの実現を呼び寄せるのです。

The rules for gaining confidence

031

［自信を得る法則］

あなたは自分が強いと考えているだけで強く、
自分に価値があると考えているだけで価値があるのです。
人生に絶対に必要なものはそうたくさんありません。

誰もが幸せな人生を夢見ます。そのためにあらゆる努力を傾けます。しかし多くの人はそれを実現できていません。なぜでしょうか。

答えはそれぞれに異なっていますが、共通する事実が一つあります。それは自分の夢を実現するための「本当の自信」がなかった、ということだけです。もしその自信があれば、あらゆる障害を克服して夢を実現しているはずです。自信という言葉を分解すると、「自分」と「信じる」に分かれます。つまり、自信とは本当に自分自身を信じているか、信じられる自分を作り上げているか、ということが問われていることなのです。

多くの成功者は、この自信を持った数少ない人物です。いまや世界で伝説の人物となったウォルト・ディズニーですが、彼は人生で二度もの破産を経験しています。しかし彼は事業では失敗しても「人生では失敗しなかった」のです。つまり、誰にも負けない自信が彼の心には燃えていたのです。

自信こそは「あらゆる成功の母」です。そして、今日では多くの人々に夢の国「ディズニーランド」を見せてくれているのです。

Laws of Success
032

［成功の法則］

あなたは成功するために生まれてきたのだ
ということを悟りなさい。
そうすれば、あなたの考えは
現実のものとなります。

どんな成功者も人生で多くの失敗をしています。問題は、失敗にあるのではなく、失敗した時に、どうそれに対処したかにあります。

多くの人は失敗した時点でとどまってしまいます。だから失敗に終わるのです。その点、エジソンの言動は多くの教訓を含んでいます。あの大発明、電球を発明するまでに一万回もの失敗を繰り返したのです。それを成功までの試行錯誤と受けとめたエジソンの態度こそ成功者、つまり夢を実現するものの見習うべき態度なのです。

たとえ失敗してもそれを一つの経験と考えましょう。多くの失敗の経験を積んだ者だけが「夢の実現」という成功を味わうことができるのです。

人生に失敗はない、経験という成功あるのみ。

今日から、この言葉を「人生のナビゲーター」にしましょう。

Draw a scenario for making your dreams come true

033

［夢の実現のシナリオを描く］

多くの人が夢で見た通りのことが実際に起きるのを体験しています。夢は決して絵空事ではなく、内的な願望のシンボルなのです。

すばらしい映画はすばらしいシナリオからできています。あなたの夢の実現を一つの映画作品と考えて下さい。それを自分にとって最高にすばらしいものに仕上げるシナリオを書きましょう。

そのシナリオが詳細でリアルでわくわくする感情を呼び覚ますものに仕上がっている必要があります。シナリオの作成には。まず夢のイメージが膨らまなければなりません。優れた映画監督はシナリオから絵コンテというシナリオを作り上げます。

あなたは「夢の実現（物語）」という映画の映画監督兼シナリオ作家、俳優の一人三役の大任を担っている重要な人物です。


ところで、あなたの本当に実現したい夢は何ですか。

その夢の物語の映画は、いつどのように完成するのですか。

世界で一番読まれている書物・聖書は言います。

「初めに言葉ありき」
さあ　あなたの夢のシナリオを書き始めましょう。

Dreaming Being
034

［夢見る存在］

現代の人は「夢見ることを忘れた」
人間が多くいます。
夢見ることを忘れた人間は、
実は人間を休んでいるのです。
人間は本来夢見る存在です。

天才パスカルはそれを「人間は考える葦である」と喝破しました。
現代ほど「夢の価値」がさげすまされている時代はありません。

夢を見るのは子供や青年の特権ではありません。
大人こそが大いなる夢を見る必要があります。
なぜなら、夢こそが「人類発展の原動力」だからです。
聖書は言います。

「幻（夢）を見忘れた民族（国）は滅ぶ」と。

あなたの夢を大きく飛翔させましょう。

Protect yourself from despair

035

［絶望から身を守る］

絶望が奇跡を遠ざけています。
あなたの身のまわりでも
奇跡は起ころうとしている。
それを信じなさい。
人生の夢を実現する原動力は希望です。

絶望は健全な人を死に追いやる危険な病です。

希望をこの有毒ガスから守る工夫が不可欠です。

そして何より心すべきことは絶望を寄せ付けないことです。

人は希望を失うだけでは死ぬことはありませんが、絶望という「死神」に捕まると人生のすべてを投げ出してしまいます。


神という絶対存在を知った人は絶望に到る病に蝕まれることはありません。しかし、全ての人がその恵みに気づくとは限りません。


失望と絶望からあなたを守る特効薬は「愛する存在を思い出すこと」です。

よく考え（思い出し）てみて下さい。あなたは、自分が考えている以上に家族や友人たちから愛されているのです。身内がすでに他界している方も心配は無用です。あなたを産み育てた両親の愛を思い出して下さい。


愛は絶望の縁にいる魂さえ救い出してくれます。

Leave your dreams to your potential

036

［夢を潜在能力にゆだねる］

あなたの内部には
とてつもない力が潜んでいます。
それが潜在能力です。
この力には
世界を動かすほどの強い力があるのです。

あなたの夢を実現する最高の存在がいます。友人や家族は最良のパートナーですが、最後は自分の力を発揮しなければなりません。人はその持っている能力のわずかしか使っていないことが最近の脳科学で証明されています。

これは「心の力」に気づいた人なら十分に納得できるでしょう。私たちが普段意識して使っている能力は本来持っている力の最大でも一〇％程度だと言われます。二〇世紀最大の頭脳の持ち主だったあのアインシュタインでさえ使った能力は一〇％程度だと言われています。

これはすばらしいニュースではありませんか。

あなたがもし、自分の中に眠る大いなる力をもった潜在意識（能力）をほんの少し活用できるようになるだけで、あなたの夢は実現することは間違いありません。

それには、まず潜在意識（潜在能力）の存在を認めること。そして、その使い方を学ぶことです。それにはあなたの右脳が大きな働きをします。潜在意識はイメージと暗示ですばらしい働きをしてくれます。それはまるで、アラジンの魔法のランプの巨人のように。

The power of words and actions

037

［言葉の力と行動］

あなたの言葉には、
あなたの行動と同じ価値があります。
行動することも大切ですが、
それ以上に言葉は大切です。
言葉は世界を動かす力を持っています。

夢を実現するための言葉のチカラ。夢の実現に言葉はあまり関係がないように思うかもしれません。実はとても深い関係があるのです。夢は多くの場合、イメージの世界の住人です。それを現実世界に表現する手段が言葉だからです。

言葉のチカラは使いこなせば大きな働きをします。

たしかに夢のイメージを絵に描くことはできます。しかし実現までのプロセスは言葉のチカラによって、道筋（プロセス）が立てられる必要があります。

現代風に表現すれば、夢を実現するために、その「ストーリー」をコンピュータの言葉（言語）で書くのです。それが夢の実現プログラム・ソフトです。

あなたの夢を実現する物語を、あなただけのスーパー・コンピュータ（頭脳）を使って作り上げましょう。

Cherish your ideas

038

［思いつきを大切にする］

思いつきを大切にしなさい。
それはいつも積極的で強力なエネルギーをともなって現れるからです。

人生は不思議です。ときに予想外の方向から幸運が現れるからです。幸運は「思いつき」や「ひらめき」を大事にする人に訪れます。

ひらめきは潜在意識からの信号です。それを受け止める心の習慣がある人には映像や言葉となって顕現するのです。

多くの歴史的な発明や発見は、この偶然という名の「思いつきやひらめき」によって実現の道が開かれています。現代の科学にとって不可欠な「レントゲンの発見」などもその一つです。これらはほんの一つの例に過ぎません。

実は、この思いつきやひらめきは、「素直な心」という受信機がないとそれは形を表すことができません。頭脳（右脳）はいつも多くのひらめきの電波を受信していますが、それがこの「素直な心」という受信チューナーがないと形にならないのです。

Where is the solution?

039

［解決策はどこにあるか］

解決（答え）は問題の中にあります。
夢を実現するために「解決すべき問題」が
たくさんでてきますが、
その答えは問題そのものの中にあります。
どんな問題にも答えが必ずあります。
信念と自信をもって探しだしなさい。

多くの人は夢を実現する前に、問題の大きさや困難さに負けて夢の実現を諦めてしまいます。しかし大事なことは「答えは必ずある」ということを信じて疑わないことです。

どんな問題にも「解決策は用意されている」のです。

あなたの課題は、その課題の解決策を探し出すことです。

それには信念という道具が不可欠です。問題が困難に思えるときほど、それを打ち砕くことができる信念の爆弾が必要なのです。

人生の成功者はどんな才能よりも、この固い信念の持ち主でした。信念の大きさより才能の大きさが勝る人は、はじめは幸運を引き当てることはできても、結局は人生で成功することはできないでしょう。

信念こそ夢を実現する「黄金の鍵」なのです。それが解決策（問題の答え）にあなたを導いてくれるでしょう。

Opportunities are something you create yourself

040

［チャンスは自分でつくる］

あなたに許されている唯一のチャンスは、
あなたが自分でつくり出すチャンスだけです。
そして、チャンスはいつもあなたの
目の前にあります。

チャンスに関する格言は古今たくさんありますが、いずれも「偶然にチャンスは訪れない」というのが真理です。チャンスも幸運も、誰でもが気がつくような姿形をしているわけではありません。もしそうならそれはチャンスとは言えません。

多くの人が「ニセモノのチャンス」に惑わされるのは「心が曇っている」ためです。「目あき千人、目くら千人」という諺がありますが、このチャンスはまさに見える人にしか見えない（わからない）というものです。

チャンスを見いだす秘訣は、あなたが自分の未来について明確な姿を描き、その実現を確信することです。そのとき、あなたは自らつくり出したチャンスをその手中にするのです。

When true power is revealed

041

［本当の力が発揮されるとき］

本当の力――潜在意識が発揮されるのは、
あなたが見栄・体裁・不安・心配など
いっさいの自意識を取り去ったときです。
それはあなたの心が素っ裸になったときです。

人生で困難に遭遇したり自分の夢が挫折しそうになるとき、多くの人は頭で考えて解決策を探してじたばたすることが多いものです。しかしそこに答えはありません。一度自分の思考を止めて、完全に心の声、つまり潜在意識にその解決を任せてみることです。

すると問題を冷静に見ることができたり、あたらしいアイデアが湧いてきてその解決策を導いてくれたりします。しかし大事なことは、安易に「すぐに天に任せる」ということはしてはいけません。

それは無責任というものです。「人事を尽くして天命を待つ」心境に自分がなるまで努力することです。

すると「天は自ら助けるものを助ける」という諺通りのことが起きるでしょう。

Six principles of success

042

［成功の六か条］

成功者に共通する要素は次の六つです。

1 物事を肯定的に考える習慣をもっていた。

2 努力することを惜しまなかった。

3 明確な目標意識をもっていた。

4 自分を信じ、他人の否定的な言葉に惑わされなかった。

5 失敗を恐れなかった。

6 想像することがうまかった。

True Friends
043

［ほんとうの友達］

真の友達を持ちたいと思うなら、
まず自分自身が自分に対して
友達になりたいような人物になること
を心がけるべきです。

人生の夢や幸福を実現する際に、どうしても不可欠なものが家族を筆頭に、親しい友人でしょう。友人のいない「夢の実現者」ほど寂しい者はありません。夢は人（友人達）と分かち合ってこそ、その喜びや楽しみはいく倍にも広がるからです。

人生の大きな目的の一つに、親しい友人を得ることがあるはずです。それもできれば心の友です。人生に三人の友あり。よく言うのが医者、弁護士、それから坊さん――。本当は「互いに命を預ける」ことができる刎頸（ふんけい）の友が望ましいのです。

日本でも「走れメロス」が根強い人気があるのは、こうした人間の心理を深くつかんでいるからでしょう。

あなたの「メロス」を探す旅はもう終わりましたか。

The choice between happiness and unhappiness

044

［幸福と不幸の選択］

不幸な人たちは
不幸になることを選択した人たちです。
幸福な人は幸福になることを選択した人たちです。
すべては選択の問題です。
あなたはどちらを選びますか。

この言葉「すべては選択の問題」とは「諸刃の剣」にも等しい、厳しい言葉でもあります。きっと多くの人はこの言葉に反論するでしょう。でも、深く考えれば、それが事実であることが理解できるようになります。

ただ、「幸福も不幸」も一つの選択だけでは起こりえません。無数の選択の結果、いまのあなたの状態（幸福か不幸か）があるのです。ですから、大事なことは、何を基準にして選択をするかなのです。幸福も不幸も「原因と結果」の法則に支配されています。

聖書には「良い木は良い実を結び、悪い木は悪い実を結ぶ」と、選択のヒントが与えられています。

Words are actions too

045

［言葉も行動である］

他人に発せられた言葉は、
たんなる言葉ではありません。
「言葉をしゃべる」という1つの行動です。

日本では、昔から言葉は「言霊」と言って、大きな力が秘められていることを教えています。言葉はそれ自体ですでに一つの存在なのです。その言葉をあつかうのですから慎重にすることが求められます。

一方、「言葉よりも行動」を重視する文化が日本には根強いのですが、真の言葉は、人を振り立たせる力があります。人が人である理由もこの言葉を使う故です。

「しゃべること」を行動と考えると、その重みと扱いに大きな意味と働きが伴います。聖書には「言葉」を火に例えています。それほど言葉のチカラは大きいのです。

火も言葉も使い方次第で、「山が動く」のです。

Artist at heart

046

［心の中の芸術家］

三〇歳で老けている人もいるし、
八〇歳でも若い人もいます。
心は織物師であり、建築家であり、デザイナーであり、
心の芸術家はいくつになっても仕事ができるのです。

夢を実現するパワーを持ち続けるには、心が若くないとなりません。

「夢を見る力」がなければ、その実現はむつかしいでしょう。

芸術家がいつまでも若いのは「夢見る力」（心）をいつまでも持ち続けているからです。

あなたの仕事を芸術家の目に見直してみましょう、きっと新しい発見をするでしょう。すべての成功者は、初めは夢想家と言われました。

ただ世間には事実、たんなる夢想家も多くいます。

夢想家と夢を実現する成功者の大きな違いは、夢の実現を諦めない「夢職人」たちなのです。


あなたはどんな夢の職人ですか。

The Voyage of Life

047

［人生という航海］

あなたは自分の魂（潜在意識）の船長であり、
自分の運命の支配者です。
自分に選ぶ力があることを忘れてはいけません。

人生を航海になぞらえればまさにその通りです。しかし、その大事な航海の船長を他人に任せている人が大勢います。行き先も航路も他人任せです。

それでは人生の終着地（港）に着いた時、後悔だけが残る旅となってしまいます。

人生の船旅を単なる乗船客ではなく、船長として広い海の上で遭遇するいろいろな嵐やシケなど苦労をして乗り越えてこそ、その旅はすばらしい思い出に満ちた旅となります。

あなたの人生という名の船の舵を、今日から自分でしっかりとりましょう。人生の醍醐味は乗船客では味わうことはできません。

あなたの船（人生）の船長はあなたなのです。

Forgive yourself

048

［自分を許す］

まず他人を許してからでないと
本当に自分を許すことはできません。

「人を許す」ということは人生の大きなテーマです。

人は誰でも愛を求めるが故に「許す」ということが不可欠になります。なぜなら、多くの人は愛する人から、あるいは愛されるべき人（家族や兄弟）からの愛を得られない人生を送ることが多いからです。

それがその相手への「愛の恨み」となります。聖書には、この「許し」というテーマが「愛」と同じ深さと重さをもって描かれています。イエスは弟子達に兄弟の罪を「七の七〇たび許しなさい」と言っています。

これは事実上、無制限に許すことを教えているのです。それほど人生では「許す」ということは深い大きなテーマです。ここでは「自分を許す」ことがテーマですが、人は中々「自分を許す」ということの意味がわかりません。

許すことは、ある意味で「それを受け入れる」ことでもあるのです。

自分の欠点や愚かしさを受け入れることはむつかしいものです。自分の中のそうした人間的な弱さや愚かしさを真に受け入れるときに、あなたは他人の弱さや愚かさも受け入れることが可能なのです。

つまり、相手を許す行為は同時に自分をも許すことなのです。

Everyone is on the path to success

049

［人は誰でも成功途上にある］

人は誰でも例外なく成功の途上にあります。
それを止めることは誰にもできません。
望みをもち偉大な力を信じなさい。
そうすれば人生はあなたの思い描いた
通りになります。

この言葉も実にすばらしい人生の福音です。人生には浮き沈みは必然的に起こります。そのどれもが自分の人生を彩るカンバスの絵の具なのです。しかし人は幸福は求めても人生の苦労は避けたいものです。
けれども、一つの色だけでは人生のカンバスは豊かなものにはなりません。暗い色（失敗や苦労）も、明るい色（幸福や喜び）もいろいろな色があって、あなたの人生の絵はすばらしい絵になるのです。

なによりすばらしいのは、「すべての人間は完全な存在になる成功の発展途上の存在である」ということです。ですから、どんな人生も失敗の人生はありません。他人が見てどんなに「失敗の人生」だと批判されても気にする必要はありません。あなたが「失敗と認めた」時に、失敗となり、人生は頓挫したことになります。

神の辞書には、「失敗という言葉はない」のです。

Alchemist of the Heart

050

［心の錬金術師］

あなたが仕事で何か夢を持っているなら、
より大きな夢を持ちなさい。
そして夢を想像にまで高めなさい。
あなたの想像が細部にわたって描かれたとき、
その想像は現実のものになります。
これが心の錬金術です。

思考は人生を創造しますが、思考は「思う」と「考える」に分解されます。思うのは心（主人）で、考えるのは「頭」（召使い）です。思いがなければ頭は考えることをしません。大事なのは「思い」という心の働きです。

大きな夢、人々を幸福へと誘う夢は心を豊かにします。夢は心の食べ物です。ですから、夢はできるだけ大きく栄養豊かなものにすべきです。

ただし、夢は実現されなければ意味がありません。そのためのシナリオが必要です。イメージの力がシナリオ（絵コンテ）を詳細に描き出すとき、その夢は現実のものとなり実現するのです。

Absolute Power

051

［絶対的な力］

世の中には絶対的なもの、絶対的な力は
存在します。
人は無限とも思える宇宙の星々を見るとき、
この無限という存在の一端を想像します。

実はこの無限という存在を知る方法はあるのです。それが潜在意識を知ることで可能になります。人間は有限ですが潜在意識は無限の世界を教えてくれます。

昔から宗教がこの潜在意識を使う方法に長けていました。実際に奇跡とも思える出来事がこの宗教と密接に関係しているのは偶然ではありません。現代は科学が発達して人間のＤＮＡ（ゲノム）をほぼ完全に解析したといいます。しかしその科学も小さな生命さえ生み出すことは出来ていません。

いまだ科学は絶対という領域には遠く及ばないのです。欧米のすぐれた科学者たちが「神の存在を信じる」のは、絶対の領域はいまだ神の領域であることを知っているからでしょう。

The Biggest Secret
052

［最大の秘密］

この世の中で最大の秘密は、

「神が一人一人の人間の中に住んでいる」

ということです。

これは実に驚くべき人生の秘密なのです。しかし
これは深く考えないと見えない〈人生の真実〉です。

多くの人は「もし神がいるなら、なぜ世の中にはこれほどの不幸な出来事が溢れているのか」と問います。聖書には「神はご自身の形に似せて男と女（アダムとイブ）を作られた」とあります。全能のはずの神が作った人間が、神とは真逆の悪を行うとは、〈神はいないという証明〉だと反論するのです。

しかし神の本質はなんでしょうか。神は天地にあるすべてのものを生み出した存在です。つまり神の神たる所以は「創造性」なのです。ですから聖書は神を創造主と記しています。

神はあなたに善も悪も生み出す〈創造する力〉を与えたのです。

ならばあなたは、内なる神の力を使って善なるすばらしい人生を創造してみましょう。

Find your calling

053

［天職を見つける］

天職という言葉はとても人を魅了します。
多くの人は、まだ天職を見つけていないと
悩んでいます。

しかしあえて誤解を承知で言えば、「天職とは神が人生のある時、それをそっと教えてくれる」のです。その時がいつ訪れるかは人によって様々でしょう。

幼少からそれを見つけられた人は幸運ですが、いつその時（何）が訪れるかは神様しか知らないというのも人生の醍醐味でしょう。

人生はメリーゴーランドのように、いつその時がめぐってくるかを、わくわくしながら待つのは人生を楽しむ秘訣でもあるのです。

Knowing the "value of time"

054

［時の価値を知る］

人生とは、一瞬一瞬の連続です。
しかし私たち人間はそれを頭では知っていても
まったく自覚していません。

古代ローマの賢帝、マルクス・アウレリウスは「人生を千年もあるように生きるな」と警告しています。

人間は愚かにも時間が無限にある（千年もある）と勘違いする動物です。ですが、ガンの告知や不治の病を患った瞬間から「人生の時計」を猛烈に意識するのです。

しかしそれもまたその人の人生です。余命一〇年なら一〇年を懸命に生き切れば良いのです。不健康で他人の世話で一〇〇年生きるより、その方がよほど価値があります。

All time is now

055

［すべて時間は現在である］

時間とは不可思議なものです。
人が人生の真の姿を理解できないのは、
この「時」の秘密を知らないからです。

「時」の秘密を知った者は人生の勝者になるのです。

ではその「時の秘密」とはいったい何でしょうか。

それは〈すべての時は現在にある〉ということなのです。時間は過去にも未来にも存在しないのです。しかし人は時間を川の流れのように感じます。

すなわち、時間は過去から来て未来に流れていくと考えます。これはあたかも天動説のようです。地球の周りを天（太陽）が回っていると、昔から人間は実感していたのです。

ところが「時間の本質」を掴んだ人は、時間はただ今、この時しかないことを知るのです。実はそれを知っているのが潜在意識です。潜在意識には時間という概念はありません。いつも〈今〉しかありません。

顕在意識はいつも揺れ動いています。物事は過去から来て未来へ流れていると理性的に理解します。

賢者は〈時の錬金術〉を秘密を掴んだ人です。あなたは潜在意識を真に理解できれば、これが真実であることを知るでしょう。

The essence of luck

056

［運の本質］

運という言葉も人生を左右する力を持っています。
人はよく、あの人は運が良いとか、運が悪かった、ということを日常的に使います。
それはあたかも幸運も不運も偶然の出来事であるかのように錯覚しています。

もし神という存在が人間を作ったとしたら、けっして偶然という言葉は創造しないはずです。すべては原因があって結果があるのです。つまりすべてのことは必然なのです。

しかし人生で見聞きする様々な出来事が、あたかも偶然に起きたように錯覚するのは、人間の記憶力が無限（絶対）ではないからです。

もし人が神のようにすべてのことを記憶していたら、この真理はたちどころに理解できるでしょう。

運の良い人生を送っているように見えるのは、運の良い原因を無意識に作っているからです。運が悪い人生もまたその原因を自ら生み出しているのです。

Discover your true abilities

057

［自分の本当の能力に気づく］

人が自分の能力に気付くのはいくつものケースが存在します。一見偶然のように思える出来事からふと気づく場合もありますが、ベートーヴェンやモーツァルトのように、才能を親や環境が育ててくれる場合もあります。

多くの人が自分の能力を知りたい動機は、幸運な人生を歩むには自分の能力や才能にあった職業や立場を得たいと思うからです。

これも自然な感情ですが、人生におけるこれらの真実は、人が意識的に計画した通りには起きないのもまた事実でしょう。いわば偶然という姿をした必然に出会った時に、その才能や能力が開花することも実際の人生ではあります。

ですから、人生の時計を信じてこせこせと焦らないことも、また大事な心の態度です。その時がくれば自然に分かるものです。

The secret of belief

058

［信念の秘密］

ごく少数の人、天才とか成功者がもっていて、大多数の人がもっていないもの。それが信念です。この信念はどのようにして得られるのでしょうか。じつはその答えはとてもシンプルです。しかしこれは簡単に手に入るという意味ではありません。

聖書には多くの珠玉の言葉が記されています。中でも有名な言葉は「求めよ　さらば与えられん」です。一見当たり前のようですが、実に深淵な意味を含んでいます。人は人生にいろいろなものを求めますが、どれが本当に自分が求めているものなのか知りません。

つまり漠然と何かを求めていることが多いのです。しかし、例えば母親が自分の子供が病気や事故に遭った場合、切実に助けを求めます。真剣そのものです。そのように人が何かを真剣に切実に求めるならば、その思いは潜在意識から強烈な力となって放射されます。それが求めるものを必然的に引き寄せます。信念とはそれに近い感情です。

ただこれは他動的な動機ですが、本当の信念は自分の心の底から湧いてきます。多くの場合は、いろいろな困難や試練に遭遇して、その信念が本物か、本当にあなたが心から信じているものかを試されます。つまり試練によってあなたの信念のありかを問われるのです。こうして得られた信念は本物です。

多くの成功者は、じつははじめから信念をもっているわけではありません。試練に試されない信念は、わずかな困難で崩れ去ります。あえて言えば、信念とは百戦錬磨の試練を経た〈人生の贈り物〉なのです。

The perfect gift

059

［最高の贈り物］

あなたが自分の子供に何かを贈るとき、
最高のものを贈りたいと考えるはずです。
古来それを教えてきたのが宗教でした。

人が人生でもっとも恐れるもの、それは死です。

すべての人はいかに「死を遠ざけるか」と日々汲々としています。しかし有史以来死なない人はただの一人も存在しません。中国の皇帝が不老長寿の薬を求めて臣下を世界中に派遣したことは有名ですが、空しいことでした。

この誰もが恐れる〈死を克服したもの〉が、じつは宗教です。古代ローマのキリスト教徒はライオンの餌食になってもその信仰を捨てませんでした。日本でも江戸時代の厳しいキリシタン禁教でも、その隠れキリシタンは明治まで生き延びました。

ただこれは多くの人には当てはまらないことも事実でしょう。マーフィー博士は潜在意識の存在と力を広く世界に知らしめた偉人ですが、本職は牧師でした。牧師の使命は「神様の存在」を教えることです。神様の存在と力を、潜在意識という例えでわかりやすく人々に教えたのです。宗教家は信仰を教え、マーフィー博士は「潜在意識」という表現を使いました。

現代でも東大の医学部の教授が「人は死なない」という自分の体験的な信念を公

にしています。神が永遠の命をもった存在なら、その神が自分の形に似せて創造した人間も永遠の命をもっているのも当然です。

つまり、もしあなたが信じるなら「人生の最高の贈り物」とは「人は死なない、という真実」を知ったことなのです。

マーフィー博士は、これをもっとわかりやすいように「人生のゴールデンルール」という表現で言葉にしています。それが

「あなたの人生はあなたの思った通りになる」

という名言です。この言葉も深く考えれば、人生のもうひとつの大切な贈り物なのです。

Pray for the happiness of others

060

［他人の幸せを祈る］

日本には「情けは人のためならず」という
ことわざがあります。
日本人は西洋人のようには祈りを形にしません。
「情けをかける」と、わかりやすいかたちで
表現しますが、これも祈りのひとつの形です。

この「他人のために祈る」という行動がじつは自分に返ってくるのです。「情けは人のためならず」というのが正解なのです。その時や形は、神様や仏様が采配するのです。

しかし人生を七〇年も生きてくると、これは実に深い真実であることを知ることになりました。「富める者」とは「愛のある豊かな人」のことで、愛を与える人はまたおなじ愛を受け取るのです。反対に「貧しい者」とは、いつも他人の富や財産をうらやみ、あわよくば奪いたいと思っている「心の貧しい者」を指します。「奪う者はまた奪われる」という因果の法則を聖書はこう表現したのです。

他人の幸せを祈る時、あなたも他人から祈られているのです。

The importance of thinking big

061

［大きく考えることの大切さ］

すべてのことは些細なこと、という一〇〇年の視点を持つ。

人生にはいろいろなことが起きます。平凡な人生をおくる人も多くいますが、もしあなたが何かを成し遂げたいと考えた瞬間から多くの問題が押し寄せてきます。

その理由は簡単です。あなたがほんとうにそれを願っているかを人生が試しているからです。

もしあなたが望むものが心の底から出たものであれば、どんな困難も乗り越える覚悟が必要です。しかしどんなに強い人でも挫折はつきものです。多くの成功者とは、人一倍失敗や挫折を味わった人物です。

人類に電球の発明で光を届けたエジソンは、実験に成功するまでに、何と一万回の失敗をしたと伝記に記されています。もしエジソンが三千回の失敗で諦めていたら、電球は存在しないか、別の人物がその栄光を得た可能性が高いでしょう。

この教訓はなにも偉大な成功者だけに当てはまるものではありません。むしろ平凡な人間にこそ大事な教訓です。人生で成功する者は、残念ながらごく少数です。多くの人はこれらのごく少数の人物の成功の恩恵を享受しているのです。

でもそれを後ろめたく思ったり卑下したりする必要はまったくありません。成功者はそれを何よりも望んでいるものです。あのノーベルは爆薬を発明して巨万の富を得ましたが、それが戦争に使われる悲劇を後悔して平和な世界への贈り物としてノーベル賞を創設しました。

こうした偉大な人物達に共通していることは人生を長い視点（一〇〇年の視点）で考えていることです。つまりそれらの功績を自分一人の功績として独り占めしない精神の持ち主だということです。そしてそれが自分の死後も多くの人類に贈り物として贈られることを望んでいるのです。

それは自分の成功が自分の才能や努力で得られたものではなく、神様や大いなる存在からのプレゼントだということを知っているのです。

What is True Love?

062

［真の愛とはなにか］

人が人生で求める最高のものは何でしょうか。
人生の幕を閉じるときに後悔しない人はごくわずか
かもしれません。しかし、今際の瞬間に
愛する家族に囲まれる人は最高の幸せ者でしょう。

人生とはこの「真（まこと）の愛」を体験するためにあるといっても過言ではないでしょう。しかしこの愛には様々な姿、かたちがあると私は思います。それはその人物が亡くなったあとに気づく場合もあるでしょう。ですからこの愛の存在（かたち）を性急に決めつけることは避けた方が賢明です。

そしてこの愛の本質は「Give」であり、さらに「Give & Give」という見返りを求めない無償の愛こそ「真の愛」といえるでしょう。一般に人が経験する愛の体験は多くの場合は無償ではないのです。それは例えば親子といった親密な関係でも無意識に見返りを望むことがあります。

ところで、愛の究極は、「自分を殺すものさえ許す」行いです。インドのガンジーは自分を暗殺した犯人を許したのです。聖書では、イエスが自分を十字架に付けたユダヤの群衆を「神よ彼らを許し給え」と祈りました。真の愛と許しは究極のコインの両面でしょう。

The fallacy of the idea of poverty

063

［清貧の思想の誤り］

多くの宗教は「清貧」を善であるとしています。
わたしもその本質的な意味では肯定しますが、
誤解もあると考えます。
なぜなら、宇宙（天地）を創造した神が
もしいるなら、この宇宙、地球さえもあまりにも
豊かで荘厳で、人生の神秘を暗示しているからです。

ですから神の本質は無限の豊かさ、であって決して「清貧」ではないからです。これは人間が神のこの本質を見誤って、人生は有限であり、地球や宇宙さえ有限であるから独占したいという欲望への警告として「清貧」を置いたと考えるのが自然です。

たしかに聖書には「金持ちが天国に入るのは、ラクダが針の穴を通るより難しい」と記していますが、これはあくまでものの例えです。この金持ちは、文字通りの金持ちではなく、あらゆる者を独占したい貪欲な人間を指していると考える方が自然です。

現実の世界では、本当の豊かさを知った人間は、その源泉が自分の才能や努力で得たものだとは考えていません。彼らは「清貧の思想」の誤りを身を以て知っています。

これは別の所でも書きましたが、聖書には「豊かな者はますます豊かに、貧しい者は持っているわずかなものでさえ奪われる」と記しています。これは同じ聖書を根拠にしている先ほどのたとえ話とは矛盾します。

地球の豊かさ、宇宙の神秘を人類が知れば、「清貧の思想」がたんなる戒めであることが理解できるでしょう。私は今や「聖なる豊かさの思想」と改めても良いのではと思います。

豊かな人はますます豊かに、それは神様が人間に与えた本来の贈り物だと私は考えています。

The location of “God’s wealth”

064

［神の富の在処］

人生で起こることはみな必然です。
ですから、あなたが「神が存在する」と
信じていれば、その通りのことが起こります。
「神の富」は、神が存在すると信じているものには
見えるのです。

それは色々な形を取ります。ですから、富をお金という限られたものに限定してはいけません。しかし信じないものには当然見えません。

「神の富」は実に多様なかたちであなたの人生を彩るでしょう。聖書に出てくる寓話を紹介しましょう。

ユダヤ人（現在のイスラエル）の先祖アブラハムを、神は砂漠に連れ出して夜空の無数の星を見せます。そして、あなたの腰から出たもの、つまり子孫はこの無数の星々のように地に満ちるであろうと祝福しました。これは一種の喩えですが、信じるものは「神の富」の恩恵を受けるという、この話は単純な話ではありません。

このアブラハムは、神が試練を与えるため送った天使と夜通し闘って、ついに天使に勝利します。そこで神はアブラムという名前だった彼に、アブラハム（勝利者）という名を与えます。彼に夜空を見せて祝福するのはその後です。

しかし、現実のイスラエル民族は、歴史を見れば長く流浪の民として国々をさまよいます。第二次世界大戦後の一九四八年、ようやく悲願だった国を建国します。

こうした悲劇的な試練に耐えてきたイスラエルに、神は恩恵を与えています。

それは世界人口（八二億人）のわずか〇・二%を占めるに過ぎないユダヤ人が、二〇二三年までのノーベル賞受賞者九六五人のうち、二一四人がユダヤ人、または少なくとも片方の親がユダヤ人であり、全受賞者の二二%を占めているということです。

これは試練と恵みをともに与えた神の深遠な計画ともいえるでしょう。

The secret of poverty

065

［貧しさの秘密（原因）］

世の中の不幸と言われるもののほとんどは
「心の貧しさ」が原因です。
この「心の貧しさ」には色々なものがあります。
ですから、その貧しさの内容に応じて、
それに相応しい現実を引き寄せます。

「お金がない」という現実は、お金に対する考え方に原因があります。それはお金に対する偏見である場合があります。

よく世間では「お金は汚いもの」という考えがありますが、あなたがそう考えている間はお金はあなたのところには来ないでしょう。反対にお金を愛している人、貴いもの、価値あるものと考える人には必然的にお金は集まって来るものです。「類は類を呼ぶ」という考え方はよく人間関係で使われるものですが、それはお金にもまったく当てはまります。お金を愛しているもののところにはお金は集まるのです。これは善悪には関係なく働く法則です。

貧しさから脱したいと考える人は、まず自分の中の「貧しさ」の原因を見つけ出すことから始めなければなりません。経済界では、お金は血液に例えられます。つまりお金という血液が回っていないと経済は死んでしまうからです。本来、お金には善悪はありません。お金をどう使うかで善悪という結果を生むのです。

キリスト教会では「一〇分の一献金」という考え方があります。お金は神様から頂いたものなので、収入の一〇分の一は「神様にお返し」して感謝の気持ちを表すのです。

実は、アメリカ経済界の大物だったカーネギーは経済的に恵まれない時代から、収入の一〇分の一を必ず献金してきたのです。カーネギーは鉄鋼王として知られていますが、もう一つの顔は「寄附王」でもあるのです。

The rich and the poor
066

［マタイの法則　富める者と貧しき者］

世界的な超ベストセラーである聖書は、悩める人の人生を導く驚くべき教訓の宝庫です。それは世界中の偉人や歴史的人物達など多くの人が証明しています。聖書は一見難しく近寄りがたい書物ですが、キリスト教に縁遠い日本人でも少しの努力を惜しまなければ、聖書はその驚くべき宝をあなたに公開してくれるのです。

マーフィー博士はこの「聖書の秘密」をわかりやすい言葉で教えてくれているのです。タイトルの「マタイの法則」をマーフィーの教えに基づいて解説してみましょう。

「豊かな者はますます豊かに、貧しい者はその持っているわずかなものさえ奪われる」。この教訓は一見すると矛盾した教えのようにも見えます。なぜなら豊かな者はすでに豊かなのですから、それ以上必要はないでしょう。貧しい者は与えられて、その貧しさから脱去する道を示されるのが普通の感覚です。

しかし人生の現実は、「豊かな者は豊かに、貧しい者は貧しいまま」であるという厳しい姿を見せつけています。これは常識では説明困難なパラドックスです。これはいったいなぜでしょうか。

そのヒントは、豊かさの内容、貧しさの内容、つまり本質にあるのです。豊かな人は心も豊かなのです。たとえ人生の一時期に貧しさや困難を経験してもそれを乗り越えて、神が与えてくれている豊かさを自ら発見してそれを享受しているのです。

他方、貧しい人はその現実に打ち負かされて、それを受け入れてしまっているのです。

聖書にはそれをこんなたとえ話で教訓を示しています。

ある所にたくさんの召使いをもつ主人が旅に出かけることになり、二人の召使いにそれぞれに一タラントの大金（一タラントは労働者の約一九年分の給料）を与えて旅に出ました。

数年の時がたって主人が帰ってきました。そして二人の召使いに預けていたタラントを返すように命じます。一人の召使いは、「ご主人様、預けていただいていたタラントは、工夫をして二タラントに増やしました」と報告します。すると主人は、良くやったと褒め、さらにもう一タラントを与えます。

もう一人の召使いが進み出て、「ご主人様、ここに一タラントがございます。あなたは厳しい方であるので、このお金を誰にも盗まれないように大事にしてきました」と報告します。すると主人はこの愚か者と怒って、「この金を銀行にでも預けていれば利子が得られたはずだ」と、この召使いを追放します。

ここに「マタイの法則」の秘密があります。〈豊かな者〉とは一タラントを二タラントに増やした召使いであり、〈貧しい者〉とは、一タラントを秘蔵していた召使いを指します。

現在メディアに出てくるタレントは、このタラントが語源です。この主人は神を意味し、タラントは才能を意味します。豊かな者とは神様から与えられた才能（一タラント）を増やした者です。貧しい者とは、同じ一タラントの才能を腐らせた者なのです。

The protagonist of life

067

［人生の主人公］

人生は舞台に例えることができます。
この人生の舞台であなたはどんな役割、
つまり俳優になることを望みますか。
実は多くの人が思い違いをしていることがあります。
それは人生の舞台で、自分はとても主役などは
張れないと思っていることです。

主役のヒロインやヒーローは無理でも、名脇役はしてみたいと考えているのです。これは表立って意識はしていないのですが、潜在意識の中でそう思っているのです。しかし人生は潜在意識で思ったことは表に現れます。つまり、自分が主役は無理でも名脇役にはなりたいと考えていれば、人生の舞台では決してあなたは主役を演じることはないでしょう。

ですから、ここであなたは考えを改めなければなりません。つまり、自分の人生の主役は自分である、と強く思わなければなりません。あなたの人生の舞台では、あなたしか主役は存在しないのです。そのように強く潜在意識に思いを伝えなさい。すると潜在意識は適切なタイミングに、あなたに相応しい主役の座を用意するでしょう。

そうすれば、あなたはその主役を堂々と演じれば良いのです。ただその舞台がいつも大成功とは限らないことです。つまり、あなたは人生の成功も失敗もその舞台で演じる、つまり経験しなければならないということです。他人の人生の舞台では、どんな役を演じてもあなたの真の経験にはなりません。

最後に、あなたの人生の舞台の主役、シナリオ作者、監督、演出はすべてあなた自身であるということを肝に銘じることです。そうすれば、どんな人生もあなたのかけがえのない宝になることでしょう。

The power of decision

068

［決断の力］

決断力こそ、あなたの人生の荒波を乗り越える舵であり、エンジンでもあるのです。
しかしほとんどの人は、この決断力をもっていません。
迷ったあげくにようやく決めるのです。
ですから人生の荒海を潮の流れるままに流されるだけの人生を送るのです。

しかし決断力をもった人は違います。人生の荒海を決断力という舵と信念で進んで行くのです。ですから最終的には目指す港に行きつけるのです。

ではなぜ多くの人は決断力がないのでしょうか。それは信念という秘めた力・ビジョンが欠けているからです。決断力と信念はあたかもコインの両面です。信念は内に秘められたものですから見えませんが、決断力は行動という姿で現れます。つまり信念が原因であり決断力は結果であると言えます。

ではは人生に不可欠なこの決断力を生み出す信念はどうすれば得られるでしょうか。

信念というこの言葉を読み解いてみましょう。信とは何ものかを信じる心です。また、念という文字はやはり祈りに通じます。どちらも何ものかを信じるというものがキーワードです。つまり信じるものがある人は信念を持っている場合がほとんどです。多くの場合、それは神であったり、仏であったり、他の深遠な存在であることがほとんどです。

決断の力を養う秘訣は、信念を持つことです。その信念は大いなる存在への畏敬の念をもつことであなたの魂が生み出すのです。

Causes of misfortune

069

［不幸の原因］

多くの人が勘違いしていること、
それは「自分の不幸は他人のせい」であると
考えること。たしかに人生の出来事では、
あざなえる縄のように幸運と不運がやってきます。

人は、幸運はあたかも自分の手柄や実力と思いがちです。しかし不運や不幸はどうしても自分が原因だとは考えないものです。実はここに「不幸の原因」が潜んでいるのです。

人生で起こることの全ては、実は自分に原因があるのです。あるいはあなたに人生の知恵を与えるための試練であることがほとんどです。そう考えればすべてのことを受け入れることができます。

また、「原因と結果の法則」は宇宙の絶対原理ですから、あなたの不幸はあなたの中に原因があるのです。最近はやりの「引き寄せの法則」流に言えば、自分の中の不幸の種が外の不幸な出来事を引き寄せるのです。

ですから不幸の原因は自分にあると知ったら、自分の中に幸運の種をまいて育てることです。それは小さなことからはじめることでいいのです。あなたの家の近所の人に笑顔で挨拶する、といった些細なことからはじめてみましょう。きっとその小さな種はあなたに思いがけない出来事を運んで来ることでしょう。

The power of habit: its secrets

070

［習慣の力　その秘密］

習慣の力は人生の自動操縦を行うプログラムです。
良い習慣は自動的に良い結果を運んできます。
それは善悪や人の嗜好とは無関係に自動的に起きるのです。

この習慣の力を上手にコントロールするすべを身につけると、あなたの人生はすばらしいものになります。

しかし、よく人の習慣の結果である癖について、よく「無くて七癖」といいます。それだけ人は無意識に悪い習慣を身につけているという証拠です。いわばあなたの人生は、良いものと悪いものの両方の習慣でできあがっていると言っても過言ではありません。

ですから、あなたが自分の人生を変えたいと考えるなら、まず自分の行動を注意深く観察してみなければなりません。すると予想に反して驚くほどの事実にあなたは直面するはずです。その中で最もあなたの人生を妨害しているものを選んで、それを変えることに挑戦しなければなりません。

しかしこの習慣は長い時間をかけて出来上がったものですから、一気に変えることは出来ません。ただ大事なことはその悪習慣を捉えたことです。それまで無意識で自動的にその悪習に引きずられていた事実を発見したことが重要なのです。

これはあたかも潜んでいた犯人を捕まえたにも等しいものです。

さあ、ここからあなたの「人生改造計画」が始まります。

Words are your thoughts

071

［言葉はあなたの思考そのもの］

あなたが日常生活で話す言葉は、あなた自身の思考の産物であり、あなたそのものの表現です。

賢い人は自分の話す言葉にはとても注意を払います。

なぜなら言葉はあなたの分身でもあるからです。

言葉はこれを賢く使えば、人生はあなたが想像していたよりもはるかに多くの恵みを運んでくるでしょう。しかし言葉を粗末に扱えば、あなたの人格は知らないうちにみすぼらしい姿をさらすことになります。

賢い人はけっして多弁ではないことにあなたは気づいているはずです。それは言葉は自分の分身であることを知っているからです。

聖書のなかの重要な聖句に、「はじめに言葉があった、言葉は神とともにあった」とあるとおり、言葉は単にコミュニケーションの手段ではないのです。あなたの話す言葉は、あなたという存在をふれ合う人すべてに無言の影響力を与えます。その影響は無意識ですから、自分で言葉の影響力を自覚しないと大きな不利益となってあなたに跳ね返ってくるのです。

人は外見の美しい人には自然に関心がいきます。しかしそうした外見の美しさも話す言葉が乏しいなら、たちまちその美しさは魅力の無いものに変わります。

実はあなたの話す言葉はあなた自身にも大きな影響を与えていることを知る必要があります。女性は化粧をするのは自然なことですが、美しく賢い言葉を話す人は、天性の美人とはまた違った品のある美しさが自ずと備わるのです。

Designing Life
072

［人生のデザイン］

人は自分の人生のデザイナーです。
多くの人はそれを知らないで生活しています。
それを知ったらあなたの人生は大きく変わります。
いままでは他人の敷いたレールの上で生きていたことに気づくからです。

それに気づいた瞬間からあなたのほんとうの人生が始まります。自分の人生を自分でデザインして進むことがどれだけ素晴らしいでしょう。それは成功も失敗もすべてあなたのほんとうの経験になります。他人のデザインした人生では、どんな苦労もあなたの財産にはなりません。

ただこのライフデザインは一度決めたら変えられないというものではありません。目標や計画が大きなものであるほど軌道修正は必然的に起きてきます。人類は月に実際に足跡をのこしましたが、今は火星を目指しています。そこに到着するまでには無数の軌道修正があります。人生もそれと同じです。

この人生のデザイン、つまりライフデザイン（人生計画）を作成する時にとても有効なものは「先人の知恵を学ぶ」ことです。人生経験が浅い場合はとくにそれが必要です。現在はインターネットで手軽に情報が収集できます。

しかしこれらの情報は玉石混淆です。また深い知恵を得るには適していません。やはり知恵の宝庫は図書館です。図書館を活用してそのストックされた知恵を活用することが近道です。

The terrible law
073

［恐ろしい法則］

人生は法則で動いている。そう言うと、「えっ、そんなこと信じられない」と反論が聞こえてきそうです。

しかしそれは紛れもない事実なのです。

人の人生を動かすものに顕在意識と無意識とがあることは知られてきました。そのうちどちらが人生を動かしているか知っている人は多くありません。

人が普段意識しているのは顕在意識です。しかしこれは人の意識の一割から二割の領域に過ぎません。人生を動かしている八割の意識は無意識です。それは氷山の姿で例えることが出来ます。氷山の見えている部分は全体の一割に過ぎません。海面下の九割の強大な氷がその実体です。これが無意識です。

そして、この無意識こそ人生の隠れた本体であり、この働きを知ればあなたの人生が大きく好転することは間違いありません。人はその人生で意識しているのはほんのわずかで、ほとんどが無意識です。もしもすべてを意識して暮らしていたら、おそらく神経がすり減って参ってしまうでしょう。

人生は法則で動いていると書きましたが、「牽引の法則」（引き寄せの法則）がその法則です。人が無意識で思うものは全てこの無意識の倉庫にデータとして刻まれます。ここに収まった全てのデータは、あなたの人生の、あるタイミングで現実として現れます。あなたの普段考える意識が人生はつまらないものだと思えば、つまらない現実が引き寄せられるのです。しかし、人生はすばらしいと思っていればその幸運が引き寄せられてきます。これらは単に「おとぎ話」のセオリーを話しているのではありません。

ですから、普段からあなたの思考、言葉を積極的で前向きなもので満たしていることがいかに大切で重要であるかを教えているのです。この「牽引の法則」は使いようによっては強力な人生の武器になります。法則には善も悪もありません。あなたが無意識に収めたデータに見合った現実が人生に現れるのです。

The disease of despair

074

【人生最大の敵　絶望という病】

あなたの人生で最大の敵はなんでしょうか。
お金がないことでしょうか。
あるいは名誉や社会的地位を追われた経験でしょうか。
あるいは信じていた人に裏切られたことでしょうか。

人生には色々な不幸や思わぬ事件が起きるものです。
そのどれもがあなたの人生の敵と考えるのは自然な感情です。
しかし、実はそのどれもあなたの〈人生の最大の敵〉ではありません。最大の敵は、あらゆるものから見捨てられたと絶望することです。絶望とは文字通りあらゆる望み（希望）を絶たれたことを意味します。この絶望に至る病こそ人生で最大の敵なのです。絶望から人は死を選びます。

この絶望から立ち直る道はあるのでしょうか。それはたしかに簡単なことではありません。しかしその道は必ずあるのです。

あなたの今の命は、いったいどうしてこの世に存在できたと考えますか。あなたは生まれたばかりの小さな赤ん坊の時に母の命の源である母乳を飲んで、その命を長らえてきたのです。すなわち母の愛と父の愛という二つの愛によってあなたの命はこの世にあるのです。そこに絶望から立ち直るヒントが潜んでいます。

そうです、この「絶望という病」を癒やす特効薬こそ、あなたの父と母の愛を思い出すことです。そこに人生の最大にして最高の秘密があるのです。

The disease of despair

075

［祈りの力（神仏への信頼）］

祈りの力については、その効果に肯定派、否定派と分かれることが多いようです。
世間では、私は神など信じないという人はいます。
特に日本ではインテリに多いのも事実です。

しかし人間は人智を越えた出来事に遭遇したとき、厳粛な気持ちになることが普通です。

そうした普段の意識では考えられない気持ちは自ずと潜在意識へと導かれます。この潜在意識の世界はある意味では祈りの世界なのです。

ただ、マーフィー博士は、祈りを宗教的な行為だけをさしているわけではありません。そして祈りの対象をキリスト教の神だけを指しているのでもありません。仏教の仏でもアラーでも大自然でも良いと言います。つまり壮麗で人智をこえた対象すべてが祈りの対象なのです。また自分自身を信じていればそれも否定しません。要するに信じるに足るものであればよいのです。

しかし人は自分ではどうしようもない困難や絶対的な窮地に陥った時、自ずとそれらの対象に思いを寄せます。つまり祈る行為が自然に出てしまうのです。これは世界的にも有名なことですが、フランスの〈ルルドの泉の奇跡〉がそれを証明しています。

長年の体の不自由な人や病気に苦しんできた人がこの泉に浸かると、それまでの難病や体の不自由が健康な状態にもどってしまったのです。それまで杖をついてしか歩くことができなかった人が、その杖なしで歩いて帰ることができたのです。このルルドの泉で治った人のたくさんの杖がここには保管されています。

日本人は正月に神社に行きますが、それも祈りの一種です。ただ熱心な祈りは、やがて予期しないときにそれにふさわしい形でかなえられるでしょう。

祈りは聴かれているのです。聖書に「求めよ　さらば与えられん」とありますが、「祈り求めよ　さらば与えられん」とは同じことなのです。

The Power of Meditation

076

［瞑想の力］

瞑想については、今日その効用を実感する人が増えています。
毎日があまりにも忙しく自分を失ってしまうことも多いのです。

多くの現代人が時間に追われて生活しています。そんな時、この瞑想を取り入れると、心も体も元気を取り戻すことが知られています。そして何より瞑想はあなたの人生に大きな恵みをもたらすでしょう。実は今日では世界中の多くの有名人がこの瞑想を密かに取り入れて実践しているのです。

アップルの創業者であったスティーブ・ジョブは仏教徒です。大の日本好きでお忍びでたびたび日本の奈良や京都を訪れています。何よりジョブは禅宗の僧侶に師事していました。また彼は瞑想のための部屋を特別にもっていました。多くの素晴らしいアップル製品は彼の瞑想の産物でもあったのです。

さてこの瞑想の効用、力についてもう少し語りましょう。瞑想は言うまでもなく無意識への入り口です。善では無になる、という言葉がしきりに言われますが、まさに無意識は無限の知恵の宝庫であり、あらゆる創造のためのエネルギーの源でもあるのです。そんな瞑想の効果（力）を利用しないのはとても大きな損失です。

さあ今日からあなたも、この瞑想の力の恩恵を受けるスタートを切りましょう。

The disease of poverty

077

［貧乏という病］

歴史が始まって以来、世界は貧富の差という問題を抱えてきました。いわば貧乏は不可避なものという考えが常識としてあります。

しかしマーフィー博士は「貧困は病である」と言います。

「清貧の思想」でも書きましたが、これはごく一部の人や僧侶など宗教家には当てはまるかもしれませんが、その他大勢の人には誤解の種です。

なぜなら創造主（神）はこの世界を貧しいみすぼらしいものとしては創造しなかったという事実が示しています。有限であるとされる地球一つを見ても、まだまだ未発見の世界が無数にあります。まして夜空の星々をみれば、その圧倒されるほどの美しさに感動を覚えるはずです。

世界にある貧しい国々や貧しい人々に、世界の大富豪が援助の手を差し伸べ、それなりの生活の糧を与えても、その現実はおそらく好転しないでしょう。先進国はその矛盾にすでに気づいています。

中国のことわざに、「貧者に魚を与えても一日で終わる。それよりも魚を採る方法を教えて釣り竿を与えよ」とありますが、その通りです。

おそらく、マーフィー博士は、援助と同時に貧困という病から抜け出す「心の処方箋」を与えるはずです。それにはまず「貧困は病である」ということを教えることです。

多くの貧しい人々は、「貧しさの現実」に溺れています。

その貧困の川から彼らを救い上げることです。そして自らの手足で生活の糧を得る方法を見つけ出す精神を育てることです。

これはたしかに簡単なことではありません。しかしそれしか道はないのです。

A letter to myself

078

［自分への手紙］

あなたは「ラブレター」を書いたことがありますか。
いまはスマホ全盛時代で簡単に相手に思いを伝える
ことが可能です。
中年以上の方は、おそらくこの「ラブレター」には
特別の想い出があることでしょう。

著者もその一人です。手紙の下書きを何枚も書いては捨て、ようやく出来上がった、思いのありったけ詰まった数枚の手紙の重いこと。それはもちろん書いたことのある人ならわかるはず。

しかしここで私が伝えたいことは、ロマンティックな「ラブレター」ではありません。タイトルにあるように、「自分への手紙」です。えっ、自分に手紙を書くのですか、と驚かれる方もいるでしょう。そうです、自分に宛てた手紙を書くことのススメを書いているのです。

この自分への手紙にはいくつかの効果、というよりも驚きの発見をする方もいます。実は、この方法は〈自分の無意識への旅〉でもあるのです。普段は意識しない自分の内面の世界を見つめる方法でもあります。

それは嬉しい思い出もありますが、時には辛い出来事を思い出すことがあります。実は秘めていた辛い出来事があなたの人生を無意識に拘束していることに気付くことがあります。多くの場合、その出来事に登場してくる人物へのわだかまり、あるいは許せない感情を秘めていたということもあるでしょう。

もしそれを発見したら、その相手を許すことをする（祈り）とそのマイナス感情はきれいに昇華していきます。すると、あなたの今の人生が好転するでしょう。人生の法則は「許したものは許される」のです。この「自分への手紙」の奇跡はまた別の機会に触れたいと思います。

Find your words

079

［自分の言葉を見つける］

人は全ての生物の中で唯一、言葉を話す存在です。
他の生物にもまだ未知のものを含めて多様な
コミュニケーションの手段はあると思いますが、
言葉という形で持っているのは人間だけです。

なにを当たり前のことを言うのかと不思議に思う方もいるでしょう。

人間だけが、聖書の「はじめに言葉があった、言葉は神と共にあった」という深遠な聖句の意味を理解できます。人間は神から「言葉」という最高の贈り物をもらったのです。そしてこの言葉は、その言葉を話したり、書いたりする人間を表す、つまり言葉が人間を作るのです。極端な言い方をすれば、あなたが日常的に話す言葉であなたは出来上がっているのです。

ですから、あなたは自分の言葉には特に気をつけなければなりません。話す言葉、考える思考はすべてあなたの潜在意識に刻まれているのです。とくに頻繁に話す言葉はあなたの思想として力をもち、これは自動的に作用します。

あなたの言葉がいつも積極的で希望に満ちた言葉を話せば、その言葉に相応しい現実を引き寄せます。しかしいつも消極的で弱々しい言葉を使っていれば、やはりそうした現実に遭遇することになります。

あなたの言葉は「あなたの存在を語る人格をもっている」といっても過言ではありません。

ですから、もしあなたがいまの人生が自分に相応しくないと思ったら、まず使う言葉を選ぶことからはじめてください。それはあなたの中の言葉という宝探しになるでしょう。その言葉を見つけることが出来れば、あなたの人生は大きく開かれてくることでしょう。

Don't dwell on the past

080

［過去にこだわらない］

人間は弱いものですから、過去の自分の失敗や辛い出来事にこだわってしまいます。過去の失敗にこだわると現在も健全ではないことが多いものです。

マーフィー博士は、過去は捨てて現在と未来を考えなさいと忠告します。

しかしこの忠告が素直に受け入れられる人は幸いです。多くの人が過去にこだわってしまうのはそれなりの理由があります。

ですから、私は瞑想を勧めます。瞑想によって、その過去と対面したとき、おそらくつらい過去は、あなたに何事かを告げてくれるでしょう。それを受け入れたとき、その過去のつらい出来事は、あなたの宝に変わるのです。この「過去との対話」は、あなたの人生に大きな恵みを提供してくれるはずです。

こうして過去を清算して、現在と未来にあなたのエネルギーを注げば、たとえ現状が思わしくなくても、きっとあなたの生活は素晴らしい未来に向かっていると確信できるでしょう。

つらい過去をただ捨てるのではなく、あなたの人生の教師でもあったことを深く理解することでしょう。

When in danger, the person becomes numb

081

「貧すれば鈍するということ」

「貧すれば鈍する」これは私たちが経験するリアルな現実です。その原因は多様ですが、一番の原因は、その人の思考が貧しいからです。これは一見受け入れがたい考えですが、残念ながら真実なのです。

多くの成功者も経済的に困難に陥った経験は、おそらく一度やそこらではないはずです。しかし彼らが現在の地位や富を得ているのは、貧しい思考の持ち主ではなかったからです。

有名なディズニーランドの創業者、ウォルト・ディズニーは二度も経済的に破綻しています。また、現在のアメリカの大統領トランプも、経済的に何度も破綻しています。しかし彼が普通の人間とは異なり、極めて強い富の信奉者であったため、現在の地位を得たとも言えます。

今日の世界では一〇〇年前よりは、誰でもが成功して豊かになるチャンスははるかに多いのも事実でしょう。しかしながら、この「貧すれば鈍する」という状態に陥りやすい根底には、ある考えが根底にあるのが一般的です。

それは「お金はダーティなもの」というお金や富への偏見です。そうした思考の持ち主は、必然的に貧困に遭遇することは多くなります。ですから、それを克服する第一歩は、この「貧して鈍しない」思考を自らの内側に育むべきです。
それができれば自ずと「貧すれば鈍する」という経験はなくなっていきます。
まずあなたの人生から、富への偏見を取り除く生活をしなければなりません。
お金は尊いものである、と心から信じれば、お金がそれに応えてくれるでしょう。

Wealth is something to be discovered

082

［富とは発見するもの］

人類の歴史のはるか昔から、富は一部の人が独占してきました。それはいったいなぜでしょうか。結論を言えば、そうした一部の人間は「富の秘密」を知っていたということです。

富とは実際には多様なかたちをしています。富をお金だけに限定してはいけません。貨幣が存在していない時代のほうが長いのです。「宝探し」は人々をワクワクさせます。アメリカの開拓時代は、人々は幌馬車で金を求めて西へ西へと歩み、一攫千金の夢を描いて金鉱へ押し寄せました。また石油が富の象徴であった時代もあります。

しかしこうした目に見える宝は、宝の一部の形に過ぎません。本当の富、宝は実はあなたの中にあるのです。現代はＩＴ技術が世界をリードしています。これは思考の産物です。つまり、無から有が生まれたようにも思えます。

ですから、「富は発見するもの」という大原則を心に刻んでください。富の源は無限です。地球上で人類が生み出したものは全て発見されたものから作り上げられたものばかりです。人間が何かを生み出したものはないのです。

広大無限の宝、ほんとうの富はあなたの心の中にあります。それを発見されるのを待っているのです。

さあ、あなただけの宝探しの旅に、人生の旅に出かけましょう。

Gratitude and Wealth

083

［感謝と富］

人は感謝という言葉が富と繋がっているという認識をもつことはあまり多くないのが実情です。

実はこの感謝という言葉の素晴らしい本質と富は深く繋がっているのです。

どうして感謝と富が繋がっているのでしょうか。

感謝とは言葉で表現すれば「ありがとう」です。ありがとうの言葉は相手があって初めて発せられます。この言葉の語源は「有難い」です。本来は、なかったり、自分にはもったいない、というほどのありえない物事を指します。

それがじつに普通に私たちの目の前で展開しているのです。日本人は「3・11の東北大震災」で大自然の驚異と恐ろしさを全身でトコトン体験しました。これは同時に、普段は当たり前に私たちが享受しているものすべてが、実は当たり前ではないことを教えてくれたのです。

そして日本人が、有り得ない3・11の困難のさなかに、整然と互いに助け合って、後進国では当たり前に起きる暴動や盗みなどはまったくなかったのです。その姿に世界の人々が感動しました。ここで見せた「感謝の輪」が「富の和」と繋がるのは自然なことでしょう。実は「富は共有されるときに本領を発揮」するからです。

富は孤立しては何の意味も価値もありません。あたかもそれは地中深く眠っているダイヤモンドにも例えられるでしょう。どんな宝、富も人々に共有されて、はじめてその恩恵を関係する人々にもたらすのです。

Who are good words for?

084

［良い言葉は誰のためか］

あなたの思想と感情をあらわすあなたの言葉は、
あなた自身ばかりでなく、あなたと接する人たち
すべてを癒す力を持っています。
ですから、良い言葉を話す習慣を
身につけなければなりません。

「口は災いのもと」とは、言葉の力を反対の意味で語っています。しかし実は、言葉の力は、魔力を持っているとも言われます。あなたは成功者が話す言葉を聞いたことがあるでしょうか。彼らの話す言葉は溌剌として実に力強いのです。

もしあなたの今の人生が望むものでなかったら、まず言葉を選ぶ訓練から始めることです。ひとつひとつの言葉が、まるで生きた宝石のように輝くなら、あなたは間違いなく言葉の錬金術師になれるでしょう。

そう、ある意味で人生は言葉ひとつで成功も失敗も引き寄せるのです。

しかし忘れてはいけません。言葉は諸刃の剣であり、また相手を幸運に誘う道標にもなることを。プロの小説家は、「小説という言葉」で多くの人を異世界に誘います。

それは時に激しい感情を引き起こし、人の命を危険な世界に連れ去ることさえあります。さらにはプロの活動家は、言葉を武器に多くの人を革命へと動員します。

ですから、この人間世界は良くも悪くも言葉でできているとさえ言えるでしょう。

しかし、あなたの人生はあなただけのものです。他人に振り回されてはいけません。あなたの人生を良い言葉で、美しい品のある言葉で満たしなさい。

悪い言葉をあなたの人生から永久に追放してしまいなさい。そうすれば、あなたの周りにはその言葉に相応しい人たちで人生の和ができあがると確信しています。

マーフィー式　名言セラピー

朝１分　夢をかなえる習慣

著　者　　武津 文雄
発行者　　真船 壮介
発行所　　ＫＫロングセラーズ
東京都新宿区高田馬場 4-4-18　　〒 169-0075
電話（03）5937-6803（代）
http//www.kklong.co.jp
印刷・製本　中央精版印刷（株）

ISBN978-4-8454-2547-1　C0030　Printed In Japan 2025